Already in Love

すでに愛の中にある

個人のすべてを失ったとき、すべてが現れる

大和田 菜穂 著

ナチュラルスピリット

はじめに

人は、足りない何かを埋めようと、いつも次の瞬間に何かを探しています。でも本当は、世界中が求めているものが、すでに今ここに、誰にでも平等に用意されているのです。

これが、真の現実です。この本で提示することは、本来のナチュラルな現実――もう一つの現実です。私たちが小さい頃から当たり前に生きてきた現実は、実は自然な形ではありません。というのは、個人であるすべての人が、何か足りないという感覚を密かに持っているからです。この、普段誰もが現実だと思っている現実は、リアルに見えても実際は夢の中の現実のようなものです。

本当は、何も頑張らなくていいし、どこかへ行かなくてもいいのです。特別な能力や時間もまったく要しません。なぜなら、私たちが求めているものは、一度も失われていないからです。なんてすばらしいことなのでしょう。すでに完璧で、何も必要ないのです。

無条件の愛は、身体の感覚を通して常に「ここにいるよ」と呼びかけています。完全に満たされた、完全に自由な現実は、いつもあなたを待っているのです。自分個人の幸せの先に何かを求められる準備ができていれば、このメッセージはきっと聞こえてくるでしょう。

今までの常識、考え、思い込み、信仰、すべてが解けて消えたとき、まったく新しい世界が現れます。それは特別な世界ではなく、いつもと変わらない日常であり、あるがままの現実です。あなたが真に求めている現実は、あなたから一度も離れたことはありません。そのことは、自分という檻からの解放によって明らかになります。

ライフ――生命自体が、ミラクルです。すべてがすでに完璧で、永遠の苦悩の終わりはここにあります。誰もが求めていること――無条件の愛――の中に、私たちはもうすでにいるのです。世界中が求めている完全な自由は、特別なことではありません。そしてそれは、誰もがどこかで知っていることなのです。

すでに愛の中にある

目次

Contents

すでに愛の中にある……もくじ

Contents

第7章　ライフ

「菜穂」のストーリー

菜穂は小さい頃からとても繊細で、生きているのがとても不安で寂しく、恐怖を感じていました。三、四歳の頃には、人間はどこかで常に悲しみや孤独を抱えて生きているものだと思っていました。母から聞いた話では、五歳のときには人生をやめたいと言っていたそうです。

そして、このどこか悲しい、孤独な感覚を感じながらも、普通に育ちました。両親にも愛され、友達もたくさんいましたし、特に大きな苦しみの経験もせず育っていきました。しかし、十代になると、この何かが足りない感覚はさらに大きくなり、苦しみに変わりました。当時はなぜそんなに苦しいのかはわかりませんでしたが、よく思考を止めたいと思っていました。ただ、この感覚が常にあったわけではなく、外に出れば明るく、よく笑い、とても活発で行動的でした。

二十代の頃は、オシャレが好きで、よく友達とショッピングに行き、常にボーイフレンドもいて、そのとき付き合っていた彼といることが自分の幸せだと思っていました。また、旅行が大好きで、海外にもよく行きました。語学も少しずつ学び、世界中に友達も増えていきました。ヨガをしたり、好きなことをして、楽しいことはたくさんありました。未来に対して希望もあり、自分の目標に向かって常に何かを頑張っていました。いろいろな面でとても恵まれた環境にいたのですが、一方で、何を手に入れても満足のない感覚は消えませんでした。人からは生き生きと好きなことをして楽しそうに見られていましたが、実際は、エキサイティングな気持ちと同時にその場にいられないような落ち着かない感覚があり、ちっとも満たされてはいなかったのです。

また、その満たされない感覚の理由が何だかわからないことから、「日本の風習が自分には合っていないのだろう」と考え、海外に将来自分が住みたい理想の国を探してもいました。そして、自分の環境を整え、自分が少しでも良くなる努力をすることが、自分の幸せにつながると思っていました。そのときは気づいていませんでしたが、満たされない感覚を埋めるために、いつもどこかに向かい、必死で何かを手に入れようと行動していたのです。

そんな中、転機が訪れます。子どもの頃からアレルギーがあったため、食事についても興味を持ちはじめ、二〇〇五年、マクロビオティックのカンファレンスに参加するためにボストンへ行きました。ちょうど、体に良いと聞いて、ヨガにもはまり出した頃でした。ボストンに着くとすぐに、一人の日系アメリカ人の男性に出会いました。その方も、マクロビオティックを実践していた方でした。そして、お話をしている中で彼が、二週間ほど前にしたという大きな覚醒体験について話しはじめたのです。

それまでスピリチュアルなことに対してほとんど無知の状態だったので、彼が言っていることはさっぱりわからなかったのですが、初めからものすごく彼の話に引かれ、結局カンファレンスにはほとんど参加せずに、一週間会場の庭で彼の話をずっと聞いていました。それは、彼の話していることが、自分がいつも足りないと感じていた感覚の原因につながるものだと感覚的にわかっていたからでした。

彼は「自分が自分だと思っている存在は幻想《ファントム》で、存在しない」と繰り返し言っていて、それを「幻想の私《ファントム・セルフ》」と呼んでいました。また、彼はトラックの運転手だったのですが、「十時間思考なしに完璧に運転することができた」「出発地点と到着地はまったく同じ場所だ」とも言っていました。

これが、菜穂がノン・デュアリティ（非二元）の世界に興味を持ったきっかけでした。そこから、苦しみからの解放を求めて探求が始まったのです。

一週間後に日本に帰国したあとも、六ヶ月近く彼とのスカイプでのやりとりが続きました。エックハルト・トールの本を紹介してもらい、一人でしばらく読んだりもしていました。その後、スピリチュアルに三十年近く関わっていたアメリカ人の別の友人に、トニー・パーソンズの本を紹介されました。そこでまた新たな衝撃を受け、彼のトークに参加するために、イギリスまで日本から何回も足を運ぶことになったのです。

当時はミーティングの参加者は年配の人たちばかりで、若い人はほとんどいませんでした。ましてや日本人の若い女性となると、菜穂だけでした。その頃はトニーの言っていることがさっぱり理解できず、「何のこっちゃ」という感じでまったく意味不明の状態でしたが、それと同時に、彼の話にグイグイ引かれている自分がいました。ときには、彼のメッセージが宝物のように感じられることもありました。

でも、日本に帰ればノン・デュアリティに関する情報はほとんどなく、ほかのスピリチュアルなことにはあまり興味がなかったので、トニーの本を読むくらいで、ヨガの練習以外は特にプラクティスや瞑想をすることもありませんでした。トニーの本は謎解きのようで、いつも意味不明のまま、言葉の意味の謎を解くために一人で思考錯誤していました。

もう一人、この謎解きの仲間がいました。トニーの本を紹介してくれたお友達です。彼女と二人で、二年間にわたり毎週日曜日にミーティングをしていました。そして、「トニーがどう言った」とか「ほかのスピーカーがこう言った」ということを、二人で熱く語っていました。お互いの理解を深めるために、それぞれ一週間会っていない間に起きた経験についてメモをしておき、シェアし合ったりもしました。

この頃は、完全な理解を得れば自分が苦しみから解放されると信じきっていて、「自分自身にそれをコントロールできる力がある」ということに対して、疑う余地は微塵もありませんでした。

また、当時は今のようにYouTubeもありませんでしたし、日本でノン・デュアリティについて知っている人に出会ったことがまったくなかったので、これについてはほとんど誰も知らないと思っていました。

そして、二〇〇九年にパリに移住しました。当初は新しい生活をしていくのに必死だったので、ノン・デュアリティのことはすっかり忘れていたのですが、二〇一一年のある日、一緒にミーティングをしていた彼女から突然メールが来て、ルパート・スパイラのミーティングに行くように勧められました。

メールをもらったのはちょうどミーティング開催日の前日でした。あまりにも彼女が勧めたのと、ノン・デュアリティのミーティングも久しぶりだということで参加することにし、それをきっかけに、たくさんのミーティングにまた行き出すようになりました。とてもラッキーなことに、パリにはたくさんのスピーカーがトークをしに来ていました。

それから数年にわたって、いくつもの目覚めの経験や、深い理解を得る瞬間の経験をしました。数年間は探求の感覚も落ち着いていて、以前のような落ち着きのない、苦しみの感覚はあまり感じることもありませんでした。もちろん、個人であるかぎり探求は常に続いているので、どこかでふと何か満たされない感覚を感じてはいましたが……。

一番大きな目覚めの経験をしたときは、「私」が数日間いなくなり、その後、「私」が帰ってきました。帰ってきたときには、脳がおかしくなったかと思いました（笑）。

そして、ある日のことです。ぼーっと近所を歩いていると、突然「菜穂がもうそこにはいない」ということが起こりました。そのとき同時に、「私」以外の何かが「もともと菜穂はいなかった」ことに気づき、「私」というエネルギーは完全に「全体」の中に解けてなくなっていきました。同時に、すべてが残りました。何年もの探究のすえ、苦しみは完全に終わりを迎えたのです。それは想像していたものとはまったく違っていて……大きな驚きでした！

そこで認識されたのは、苦しんでいる誰かというのは最初からいなかったということでした。

これまで存在していたものは、ライフだけだったのです。

それから数ヶ月後、「見かけ上の菜穂」はたまたま友人からその出来事についてインタビューを受け、それがYouTubeで公開されると、たくさんの人からのメッセージが寄せられ、世界中の人から質問を受けるようになりました。さらに、そのインタビューから数週間後、友人の誘いで今度はパリ近郊でトークを行うことになり、それ以来ノン・デュアリティのスピーカーとして、喜びとともに、ヨーロッパを中心に世界でトークをしています。

これは、あくまでもストーリーです。

すでに愛の中にある

—— 個人のすべてを失ったとき、すべてが現れる ——

Already in Love

Chapter 1

探求と苦しみの構造

過激なメッセージ、そして新しい事実？

すべては一つのエネルギーが形を変えて現れたものです。目に見えるもの、見えないもの、感覚や音、思考、イメージその他、この世にあるものすべては同じ一つの生命エネルギー――私はライフと呼んでいます――の表現であり、本当は分離というのは存在しません。実際はただ「全体」があるだけで、独立した個人というものも存在しません。そして、時間というものも存在せず、あるのは無時間の空間のみです。また、何かをコントロールしている存在というのもなく、一つひとつの現象はただ起きているだけです。このノン・デュアリティ、非二元という視点は、実際のところ頭で「理解する」ものではないのでなかなか伝わりにくいのですが、人はどこかで「これ」を知っているのです。

自分が今まで自分だと信じてきた存在は、思考と身体の感覚が「誰かが身体の中にいるような印象」を与えているだけで、本当の自分ではありません。神経科学の世界でも主張されてきていることですが、自己意識（私）というのは、脳が作り出した幻想です。つまり、今まで自分だと思っていた存在は、幻想の「私」だということです。

突然そんなふうに言われてもクエスチョンマークが浮かぶだけかもしれませんが、世界中が求めているのは、「全体」――すなわち分離の終わりであり、それは自己意識の不在です。これまで自分として当たり前に生きてきたほとんどの人にとっては、まったくピンとこないことかもしれませんが……。

たとえば、美しい音楽を聴いたり、芸術に没頭しているとき、または激しいスポーツをしているときなどに、「自分がいない」ということがよく起こりますが、それは自己意識がない状態です。こういったことに人々が引かれるのは、それらに集中している間、自己意識が不在になるからなのです。けれども、それはほんの短い間だけで、再び幻想の「私」は戻ってきます。

人は結局、分離の感覚をごまかすための何かを手に入れようと、常に次の瞬間に向かっているのです。そして、次の幸せを求めている間は「このままでは十分ではない」という感覚を抱えています。喜びが必要なのは、今が十分ではないからとも言えるでしょう。もしあるがままの状態で十分ならば、喜びになる経験を必死に追い求めることはしません。つまり、次なる喜びに向かって行動し続け、歩き続けているのは、常にどこか居心地が悪く、今のままでは足りない、十分ではないと感じているからなのです。だからといって、喜びに向かう行動が悪いということではありません。身体は自然に喜びとなる経験の方へと向かいます。普通は、わざわざ痛みの経験に向かってはいきません。

いずれにしても、世界中の人々が求めていることは、「足りない」という不満足の感覚の原因である、分離の終わりなのです。この本でこれからお伝えするメッセージは、過激でまさに革命的でありますが、同時に、誰もがどこかで知っているようなことでもあります。

苦しみの原因と探求のメカニズム

私たちは生まれるとすぐに、自分はその身体であると教えられ、それを認識したときから「私」という、世界と分離した存在が生まれます。第二章で詳しくお話ししますが、この「私」とは脳の発達と外側から与えられた認識による幻想であり、あくまでも後天的なものです。この幻想の「私」が、何か足りない感覚、満たされず居心地の悪い感覚を生み出すのです。自分が、世界に対してとても小さく無力だと感じる人もいるかもしれません。それは、この認識がもたらす感覚が、全体性、一体感ではないからです。そして、この「個人である」という感覚が、収縮したエネルギーとして現れます。これが、苦しみの原因です。この収縮したエネルギーはいろいろな場面で緊張を増幅し、さらなる苦しみを生みます。たとえば、精神的に嫌な思いをしたときの、このエネルギーが胸のあたりを突くような感覚に、心当たりがあると思います。この感覚自体が苦しみの正体です。つまり、苦しみは収縮したエネルギーだと言えます。この分離感、収縮したエネルギーの感覚が消えることを人はただ求めていて、この感覚から逃れたいだけなのです。

しかし、ほとんどの人が、個人である「私」という認識がもとになっているこの満たされない感覚に気づいていません。なぜなら、一般的な現実においては、個人であることが生まれたときから当たり前のこととして教え込まれ、家族や社会全体がそれをもとに構成されていて、そこには疑う余地がないからです。この、最も慣れ親しんだ自分という存在に対し、誰が疑問になど思うでしょうか？　自分であることしか知らないほとんどの人は、この物足りない感覚でさえ当たり前なのです。そして、この感覚に気づけるような経験に出会わないまま、一生個人として生きていく人が大半かもしれません。けれども、何かいつも落ち着かないような、不満足なこの感覚に、何となく気づいている敏感な人もいるでしょう。

個人としての「私」は、このエネルギーが消える瞬間を求めて、未来に向かって歩き出します。でも、多くの人は、お金、恋愛、成功、健康、物を手に入れることなどを幸せだと思っています。そして、次の瞬間に自分が求めるものを手に入れようと歩み続けます。一方、何を手に入れようと永遠に続く幸せが手に入るわけではないと気づいた人たちは、自己成長、瞑想、宗教、様々なプラクティス、スピリチュアルな世界などに目を向けます。ただ、これも実は物を求めるのとまったく同じことで、一つの目的を達成すると、しばらくも経たないうちに次のゴールを掲げ、また次の目的に向かって探求し続けることになります。

実際は、お金や手に入れたもの自体が求めているものではないのです。その「何か」を手に入れた瞬間、探求欲がふっと消え、一瞬の満足感を得、収縮した心地悪い感覚を紛らわすことができる——この瞬間を手に入れるために、人は何かを手に入れようとするのです。つまり、手に入れたもの自体にもともと幸せが存在するのではなく、それを手に入れた瞬間に得られる「探求の静止」を求めているということです。また、この満足感は気持ちや感覚なので、わずかな間しか続きません。個人的なエネルギー、苦しみの原因は消えていないので、この束の間の満足感が消えると、再び次の何かを目指して歩き出すことになるのです。

世界のセレブリティーやハリウッドスター、大富豪たちの不幸なニュースが流れるのは、すべてを手に入れて、どれだけ自由にやりたいことをしても、本当の意味ではまったく自由ではないからです。「誰かである」という、自由とは反対のことを常に表に出していなくてはいけない立場だからかもしれません。

自分の人生のストーリーがサクセスストーリーだったとして、愛もお金も地位も手に入れていたとすれば、ここでお伝えしているようなメッセージはおそらく聞こえてこないでしょう。その自分のストーリーを捨てようとはきっと思わないはずです。表面的には誰もが羨む幸せを手にしていたとしても、「誰か」であるかぎり、深いところで何かが欠けている感覚というのは存在するのですが、サクセスストーリーやエキサイティングな出来事によって、多くの場合はこの感覚に気づかないままかもしれません。

苦しみを回避することで幸せを守ろうとするという、もう一つのダイナミクスがあります。人は、自分を守ることとイコール安全だと思っています。人間は病気やけがもしますし、常に外の世界から自分の身体を守らなくてはいけません。そして、精神的なダメージを受けないように、嫌な思いをするような経験を避けるように、必死で生きています。人間の生命には限りがありますので、短い人生をなるべくつらい思いをしないように、なるべく幸せな思いができるようにと誰もが一生懸命です。ところが、この無意識の努力が、すでに人生を重たいもの、つらく苦しいものにしてしまっているのです。これに加え、自分が世界から独立した存在であるという概念によって、自由意志や選択というものがあると当たり前に信じているため、そこからさらなる精神的苦しみが生まれます。

このように、幻想の「私」が生きる夢の現実では、喜びを求めて自分が何かを手に入れることに向かう動きと、苦しみとなる経験から自分を守ろうとする動きが、常に繰り返されています。この両方に向かう動きが探求です。これが探求のメカニズムであり、個人として生きている人々はすべて、この両極のダイナミクスの間で生きています。つまり、喜びがあればハイな気分になり、痛みとなる経験をすれば落ち込むのです。それぞれの経験に程度はあるにせよ、この両極の間を行ったり来たりしているのが、ほとんどの人の人生で起きていることです。

さらなる苦しみの原因

「私」が苦しみの原因であるということ、つまり、自分を世界と分離した存在だと認識したときから何か物足りない感覚が生まれるということ、それによって探求が始まるということをお話ししてきました。では、この分離の感覚そのものの心地の悪さに加えて、さらなる苦しみはどの時点で起こるのでしょうか？

それは、湧き起こった感情が自分に対して起きていて、それを自分のものだと認識したときに生じます。一つひとつの経験を個人的にとらえていき、すべてが自分に対して起きていると思ってしまうことで、さらに苦しみが増えるのです。

たとえばスーパーの列に並んでいるとき、隣から誰かが横入りしてきて、自分より先にサービスを受けたとします。もし自分が長いこと並んでいたとしたら、怒りが湧いてくるかもしれません。人生にはいろいろな経験があり、このようなことはしばしば起こるでしょう。けれども、喜びや痛みも含めてすべてがライフです。良いことでも悪いことでもありません。

ここで言いたいのは、横入りした人が悪いとか、怒りではなくもっと広い心を持つべきだといった、概念の中で事を片づけようとするレベルのことではありません。そうではなく、苦しみというものは、一つひとつの経験が「私」に起きていると個人的にとらえることによって生まれる、という構造です。すべての苦しみは、それを経験していると思う存在がいてはじめて生まれます。つまり、この世界を「私」と他人、主体と客体の関係性でとらえる以上、苦しみのダイナミクスから逃れることはできないのです。そもそも分離自体が苦しみの原因であることに多くの人は気づいておらず、その代わりに起きた出来事に問題があると見なします。しかし実際は、表面上の良い・悪いはあるにしても、現象自体にはまったく意味はありません。

たとえば、横入りしてきた人を責める気持ちを自分のものとして抱えることによって、イライラが続きます。その相手が苦しみの原因なのではなく、イライラを持ち続けているのが原因なのが見えますか？　そう言われると、ポジティブな気持ちに切り替える必要があると思う人もいるかもしれません。イライラに執着しているから苦しんでいるのだ……というのは、最近よく聞く考え方です。けれども、もともと感情をコントロールできる存在というのはいないのです。人生では、イライラ、怒り、悲しみ、どんな感情も起こり得ます。実はこの感情自体にも問題はありません。ここで提案していることにおいては、イライラも問題ではないのです。

誰もが真に求めていること、真の自由は、何かを手に入れて得られる束の間の喜びや嬉しいという感情ではなく、苦しみが消えることとです。世界中の人々は、すべての苦しみから解放されることだけを実は望んでいます。そして、この解放が起きたときには、完全に満たされた「全体」がそこに残るだけで、それ以上特別な何かが必要だと感じる存在自体が消えます。一つひとつの移りゆく現象そのものの中には、人間が真に求めているものはまったく存在しません。

痛みと苦しみ

ここでは、痛みと苦しみは完全に違うということについてお話しします。

身体をけがしたり、病気になれば、痛みが起こります。つまり、痛みとは肉体的な感覚です。これ対して苦しみは、先にお伝えしたように、起きたことに対して個人的にとらえること、つまり物事が自分に対して起きているととらえることから生まれます。たとえば、足を折ったとします。すると、痛みを感じます。そして、この痛みだけでなく、さらにそれを経験している人というものが生じた瞬間から、苦しみが起こるのです。

動物がけがをすると、痛みはそこに生まれても、彼らは苦しみを感じません。動物の脳は経験を自分のものとしてとらえるまで発達していないので、その痛みを自分の痛みと認識しないからです。

生まれたばかりの赤ちゃんにも同じことが言えます。まだ言葉を知らず自己意識も芽生えていないうちは、苦しみがありません。けれども、大人は自分の考えや思いをその赤ちゃんに投影して見るので、たとえば赤ちゃんが椅子から落ちたなら、赤ちゃんは苦しんでいるととらえるのです。実際、赤ちゃんにはそれが起きたことすらわかりません。

人はさらに、そこから生まれる感情も自分のものとしてとらえるので、精神的な苦悩がもっと増すことになります。たとえば足を折った原因を考えるとき、自分の不注意のためと思えば自分を責めるかもしれませんし、他人のせいだと思えば他人を責める気持ちが湧いてくるでしょう。後悔や憎しみの気持ちを幻想の「私」は持つのです。さらに、足を折ったためにしばらく会社に行けないとなると、会社に申し訳ないという気持ちが湧くかもしれませんし、仕事ができないためお金が稼げないという不安も出てくるかもしれません。未来に対する心配や不安が起こるのです。つまり、出来事に対する因果関係を見つけようとすることが、精神的苦悩を大きくしているということです。

先ほども言いましたが、どんな感情もそれ自体に問題はないのです。また、そこにストーリーがなかったとしても、いかなる感情も湧き得ます。問題は、それらの感情を自分の感情として所有することによって初めて起こるのです。

自由意志と選択

自由意志と選択というものは、まったく存在しません。科学の研究においても、自分が意思決定するよりも前に脳がすでに決断しているという実験結果が発表されていますが、人は自由意志を持って自分で決めていると思い込んでいるだけで、実はそうではないのです。

それでも、ほとんどの人は、自由意志と選択というものが存在すると当たり前に信じています。そして夢の現実は、見かけ上は「自分で決め、自分で行動している」という印象を与えます。

たとえば映画の中で、主人公が付き合っている彼にプロポーズをされて、結婚することを決めたとします。ストーリーの中では、彼女がその決断をしています。しかし実際は、映画の脚本が主人公が結婚するという設定になっているからそういうストーリーが現れているだけで、映画のスクリーンに映っている女性、女優さんが結婚を決めたわけではありません。

私たちの日常にも、これと同じことが言えます。なぜなら、思考を選択している存在というのはもともといないからです。ある思考が湧いてきてあたかも自分が選択したかのように見えますが、それは見せかけで、実際はそのような思考がただ浮かんできたというだけです。実は、誰もこの思考を作り出したりしてはいないのです。

家族のために稼がなくてはいけない、赤ちゃんを育てなきゃ、ミルクをあげなくては、教育しなくては……、などといろいろな思考は湧いてきます。ですが、思考はただ一つの空間――「全体」が様々な表現として現れているうちの一つにすぎません。つまり、木、空気、風、空、光、コーヒーカップなどと同じように、思考もこの無の空間から湧き上がっては消えていっているだけで、その思考の向こうで誰かがそれをコントロールしているわけではないのです。

とはいえ、見た目の世界には時間が存在し、原因と結果があるように物事が現れるので、おなかがすいたという感覚と思考が現れたあとには、何かを食べるという行動が続くでしょう。それでも実際は、このおなかがすいたという思考自体が行動をコントロールしているわけではなく、それは何もない空間からただ湧いてきているだけなのです。

ですから、現実は、完全に映画のスクリーンの上で起こっているようなものなのです。実際のスクリーンは白いままで、そこには何も起きておらず常に静の状態ですが、映し出された画像の中には時間があり、ストーリーがあり、そこでは原因と結果が現れているように見えます。しかし、スクリーン上で実際に人が動いているわけではなく、ただそのように映し出されているだけです。映画と現実との違いは、現実は無の空間がいろいろな形として現れているのだというところです。つまり、無とすべてが同時にあるのが現実です。

幸せになるための方法も、実は探求の餌？

引き寄せの法則や幸せになるための方法について書かれた本がたくさん出版されています。こういう本はとても人気がありますし、私も昔よく読んでいました。

これらのメッセージがとても人気があることには、明らかな理由があります。幻想の「私」は、少しでも居心地の悪い感覚から逃れるために、常に何か自分を助けてくれるもの、自分のためになることを探しているからです。自分の幸せを見つけようと必死で探求しているのです。満足感がなく、苦しい自分を救ってくれる何かを探しているこの幻想の「私」に対して、これらの本は「もっと幸せになれる方法がある」「これをすれば、必ず幸せになれるよ」と呼びかけているのですから、これほど「私」にとって魅力的なメッセージはありません。

苦しみから少しでも解放されたい幻想の「私」は、「今度こそ苦しみから逃れられる」「求めている幸せを手に入れられる」とすぐに飛びつくでしょう。でも残念ながら、実際はそのような方法は存在しません。

もちろん、「私」の人生のストーリーが以前より良くなったり、喜びを感じられる経験をするということはあるでしょう。この夢の世界では原因と結果があるように表現されているので、何かの方法を試すことで自分の状態が改善されたり、以前と比べて苦しみが和らいだり、といったことは当然起こり得ます。ですから、「私」に対して何の疑いもなく生きていれば、まさにこういった本や方法が役に立ったと喜ぶことになるでしょうし、それは幻想の「私」には嬉しいことに違いありません。

けれども、「私」のストーリーを良くすることでは、苦しみから逃れることはできません。これらの方法は逆に、探求の餌のようなものになりかねないのです。そして、「何か足りない」という感覚を抱いたまま、永遠に探求が続きます。

ただし、それが悪いと言っているのではありません。この「探求」も、幻想の「私」も、ライフの完全な表現の一つなのですから……。すべては常に完全で、完成されています。そして実際は、個人という存在も探求も起こっていない現実が、ここにあるだけです。

これはまさに、ライフの深いパラドックスなのです。

Chapter 2

「私」について

「私」の正体

すでに述べたように、人が生まれて間もなくすると、脳が生存を守るために自己意識を生み出します。そして、身体の中に誰かがいるような印象を与えます。これが、「私」の正体です。

カフェに行ってメニューを見ているとしましょう。そこで、「コーヒーにしようか、紅茶にしようか」という思考が湧いてきたとします。さらに、「今朝コーヒーを飲んできたから、ここでは紅茶にしよう」という思考が続いたとします。これらの思考は単に思考でしかないのですが、「私」という収縮したエネルギーがあると、その言葉を自分のものとしてとらえ、いかにも誰かが紅茶を選択したような印象が生じます。

思考と身体の感覚を自分だと認識することで、「私」は生まれます。「私」という存在が身体にいるという思い込み・確信がエネルギーとなって、いかにも身体の中に誰かがいる印象を与えるのです。

人は、自分が身体の中にいて、自分の目を通して外界を見ていると信じています。これは単なる思いだけではありません。普段は意識していないかもしれませんが、「自分が本当に身体の中、目の後ろあたりにいて、目を通して外界を見ている感覚」というものが存在することに、気づけると思います。つまり、幻想の「私」は思い込みだけではなくエネルギー的なものなのです。ほとんどの人は、皮膚が自分と外側との境目であり、自分は世界から独立した存在として時間と空間の中を動いていると確信しています。この自己意識の感覚が世界との境界を作り、分離した存在という印象を与えるのです。そして、これが「何か足りない」という不満足の感覚のもとになっています。

エネルギー的なものである幻想の「私」は、自分が存在することをとても現実的に感じているため、自分の外にある世界についてもとてもリアルに見えます。

幻想の「私」の特性

①常に居心地が悪く、何かを失ったという感覚を抱えている

自分は世界と分離した存在だという感覚が「何かを失った」「物足りない」という感覚を生むので、「私」は常に居心地の悪い感覚を抱えています（でも、ほとんどの人がこの感覚に気づいていないかもしれません）。

②探求イコール「私」

自分という収縮した存在自体が心地が悪いために、何かでその感覚をごまかそうとするのが

「私」の特徴であり、その行為が探求です。ですから、「私」とは探求そのものであると言えます。「私」が現れた瞬間から、探求は始まります。「私」は、探求せずにはいられないのです。

③実は継続的ではない

「私」は継続的ではありません。寝ているとき、何かに集中しているときなど、普段の生活の中で「私」がいないことはよくあります。

④時間の中にしか存在しない

「私」は時間の中に存在します。無時間の中には「私」は存在しません。「私」は、夢の現実にしか存在しないのです。そして、居心地の悪い感覚を埋めるために、次の瞬間に何かを手に入れようとします。常に次の瞬間に生きていて、無時間の中にいられないのです。

⑤自由意志と選択というものが存在すると思っている

「私」は自由意志と選択というものが存在すると当たり前に信じており、「自分で決め、自分で行動している」と思い込んでいます。

⑥一つひとつの経験、決断、選択がとても重要

幸せを経験や何かを手に入れることによって掴もうとするので、一つひとつの経験、幸せを手に入れるための自分の選択が、「私」にとってはとても重要です。そして、その経験（＝幸せ）を手に入れるために、エネルギーを費やします。

⑦自分が確実に存在すると信じている

「私」は、自分が存在することを確信しています。たとえ知識理解の中で「私」は幻想であると知っていても、それは知識のうえでだけのことです。なぜなら、自分という存在をどこかで意識し、認識しているからです。

⑧希望、目的が必要

「私」は常に居心地が悪い状態にあるので、次の瞬間（未来）に希望や目的がなければ生きていけません。その場に満足していないため、次の瞬間が今ある状態よりも良くなることを期待しないとつらいのです。

⑨すべてを所有する

「私」は、すべてを所有します。たとえば、私の思考、私の感情、私の行動、私の経験……というように、すべてを自分のものととらえるのです。

⑩主体と客体の世界に生きている

「私」は自分を中心として外を見ているので、自分と世界という主体・客体の世界の中で生きています。そして、この関係によって不満足感が生まれます。

⑪すべてを個人的にとらえる

「私」はすべてが主体と客体であるという現実に生きているので、たとえば雨が降れば雨が「私」に降っていると感じ、他人が笑顔を見せなければその人が自分に無愛想にしたととらえます。あらゆる現象は「私」に対して起きていると考え、すべての経験を個人的にとらえるのです。実際は、現象は誰かに対して起きているわけではなく、ただ淡々と起きているだけです。

⑫収縮した感覚がある

「私」は自分がその身体だと信じているため、自分の領域は自分の皮膚までだと思っており、身体の中に自分がいるような収縮した感覚とともにあります。

⑬愛を常に探している

「私」は世界から分離した存在なので、世界から取り残されたような感覚を持ち、愛が不十分だと感じています。それゆえ、つながり、「全体」――無条件の愛を求めているのです。

⑭夢の中のストーリーの主人公

「私」の存在するところには、ストーリーが存在します。どちらか一方だけということは決してありません。すべての「私」は、「私」という夢の主人公なのです。

⑮知りたがる

「私」は知らないことに対して恐怖を感じるため、すべてを知りたがります。知らないということは、自分の不在を意味するからです。「私」は、常に自分の位置を確認することによって生き続けているのです。

⑯いつも何かになろうとしている

「私」は常に何かになろうとしています。何かであることでしか、生き延びられないからです。

⑰「私」は絶望的

「私」は絶望的です。「私」が苦しみから逃れ、求めている完全な自由を手に入れられることは、決してありません。それは、「私」という分離を超えたところにあるからです。

「私」の思い込み

繰り返しますが、自分が今まで自分だと信じてきた「私」は、本当の自分ではありません。しかし、長い間「私」として生きてきたので、「私」は確実に自分が存在すると信じています（知識的に「私」は幻想だという理解があったとしてもです）。それゆえ、すべては「私」なくして起きているということが理解できません。

「私」は、怒り、悲しみ、ネガティブな感情などすべては自分に対して起きていると思い、それは自分がとった行動、他人が自分に対してとった行動のせいだと解釈します。どんなことが起きても、すべて自分の思考、自分の感情と受けとり、すべてを自分の所有物とします。たとえば「私は感じている」「私はやっている」「私がしなかった」「私は間違いをした」「私は悲しい」「私は嬉しい」「私は罪悪感を感じている」「彼らは私にこんなことをするべきではない」……というふうに、何もかも個人的にとらえるのです。

実際はどんな感情も「私」の存在なくして起こっているのですが、「私」は怒りや悲しみなど、いろいろな感情が自分の存在なく起こり得るということが理解できません。「私」には、悲しみの経験は「私」が持つものだという前提があります。解放（悟り）に関しても、完璧な幸せが「私」に起こるもの……という考えを持っているので、ネガティブな経験は解放のあとは起こり得ないと思っています。でも、これは「私」が持つ理想にすぎません。

また「私」は、こうあるべき、こうでありたい、こうすべきでない……といった理想とアイディアを持ち、それと自分を照らし合わせて生きています。そして、夢の現実でそれと違ったことが起きた場合、不幸を感じるのです。

解放前であれ解放後であれ、すべては「私」の存在なしに起こっています。「私」は幻想です。「私」は経験する者ではなく、現象の一部にすぎません。初めから分離した存在というものはなく、「全体」のみがあるだけです。どこにも経験者はおらず、ただ経験があるだけです。

怒り、悲しみ、「私」は、同じように「全体」の一つの表現として、無の空間に現れているのです。ですから、「私」自体も完全な一つの経験であり、表現であると言えるでしょう。

幻想の「私」が消えたあとも当然どんなことでも起こり得ますが、それが誰か個人の経験としてとらえられることがなくなるのです。ただし、もともとなかった幻想が消えただけで、実際はそれまでも常に、誰も何も経験してはいないのですが……。

常に真剣で、すべてが重要な「私」

幻想の「私」は、世界中で一番自分が大切です。すべて自分のためであり、自分のために次の瞬間に生きています。幻想の「私」のすべての行動の動機は、自分の幸せです。

幻想の「私」は自分には自由意志があって自分が選択をしていると信じているので、一つひとつの選択と決断に重要性を感じています。

たとえば、旅行を計画してホテルを予約するとします。そして、どのホテルにするか迷うとします。そこには、一番良いホテルを選びたいという欲望と、もし選択を間違えて良くないホテルを選んでしまったら自分が嫌な思いをするという恐怖心があるのです。それゆえ、選択や決断、一つひとつの経験がとても重要になってきます。このように選択と決断を常に繰り返しながら幻想の「私」は自分の人生を生きているわけですが、これは自由とはまったく逆の現象です。「自分が何かをしている」ことによって、すべてのことに重み、責任が出てきます。幻想の「私」は、自分の人生という夢の中でなるべく良いストーリーを作るために必死なのです。

でも実際は、一つひとつの現象にまったく意味はありません。また、何かをコントロールしている人というのも存在しません。例えるなら、子どもが遊園地の乗り物に乗ったとき、自分がハンドルを回してそれを運転していると信じている一方で、実際はそのハンドルの動きとはまったく関係なく乗り物が動いているようなものです。さらに言えば、そこで運転している子どもも、実はこの乗り物の一部なのです。すべてはライフの表現でしかありません。

Chapter 3

ナチュラルな世界と人々の住む世界

ナチュラルな現実と夢の現実

普段私たちが見ている現実は、コンセプトのある、時間の中で起きている現実です。実は、これは夢のような世界です。ですが、人は通常「自分」というものが確実に存在し、世界も確実に存在すると信じているので、世界はとてもリアルに映ります。

同時に、ナチュラルな現実が存在します。人間以外のすべて——動物、植物など、現れているものはすべてこの現実に生きているのです。そして、数は少ないけれど、この世界に生きている人もいます。その人たちは、「個人」という探求エネルギーを失った「見かけ上の」人々です。

ほとんどの人の住む現実――夢の現実は、個人という構成に則った、ストーリーによる現実です。この現実に生きる人は皆、探求を続けています。もう一つのナチュラルな現実には分離がありません。そこではただ、無時間のうちに現象が起きているだけです。ですから、探求ということ自体存在しません。そして、実はこの二つの現実は同時に起きていて、唯一のものです。夢の中に生きる人々にはナチュラルな現実が見えないというだけで、実際は一つの空間なのです。

ナチュラルな世界には「見かけ上の」人はいても、そこには自分を個人と認識する存在はありません。ナチュラルな世界では、一つのエネルギーがいろいろな形として現れているだけです。このナチュラルな現実に住む人々は、見かけだけで実際はいません。それは一つのエネルギーの見かけ上の表現でしかないのです。

実は夢の世界の住人も見かけだけの存在で、実際は存在しない幻想なのですが、住人たちは自分が確実に存在すると信じています。そして、人々はナチュラルな世界に移行するために常に探求をしています。

ナチュラルな世界だけが残ることが解放——いわゆる「悟り」です。真の自由は、ナチュラルな現実そのものなのです。そして、そこには「個人」はありません。

夢の世界の住人の多くはなかなか自分を手放すことができません。自分の幸せを求め、ナチュラルな現実を求めているのに、その主体である自分が消えてしまっては意味がないからです。でも、それと同じくらい、ナチュラルな現実を求めています。これが、探求のジレンマです。そして、多くの人々は、自分を保ったままナチュラルな現実に行ける方法を探そうとします（これが、瞑想、様々なプラクティス、自己探求といった、いわゆるスピリチュアルな探求です）。夢の世界の住人のほとんどは、自分という存在と引き換えでしかナチュラルな現実が現れないことを、わかっていないのです。それゆえ、なんとかナチュラルな世界に行こうと探求し続けます。

実際は、ナチュラルな現実も夢の現実もまったく同じ空間で起きています。つまり、夢の現実の人々はもうたどり着いているのです。「自分」がそこにあるために、ナチュラルな現実が見えないだけなのです。

一番の大きなパラドックスは、どちらの現実も見かけ上起きているだけで、実際は何も起きていないということです。すべてが起きているようでいて、同時に何も起きていない一つの無限の空間があるだけです。結局「全体」から見れば見かけ上のものにすぎない誰かが、悟っていようが、悟っていまいが、変わらないということです。

つまるところ、悟りの重要性は幻想の「私」にとってだけのものなのです。

「関係のある現実」と「関係のない現実」

もう一つ、違った角度から二つの現実を見てみます。

普段私たちが生きている時間の中の現実（夢の中の現実）を「関係のある現実」とするなら、ナチュラルな現実は「関係のない現実」と言えます。後者は、無時間の中でただ現象が起きている現実です（実際は、現象と空間は一つであり、同一のものです）。

個人に自由意志があって自分が選択できるという考えを持ち、時間と空間の中を概念を通して生きているのが、「関係の現実」です。相対の世界――主体と客体による世界とも言えるでしょう。そこでは自分が中心で、周りが外の世界です。そして、人々は常に外の世界と関係を持って生きています。

たとえば、家族やパートナー、友人との関係、親と子の関係、ペットとの関係、社会との関係、お金、自分の置かれている状況との関係、自分の食べるものとの関係、身体や健康状態との関係、病気があるなら病気との関係……。すべては相対的に成り立っていて、自分の自由意志と選択によって物事に対応している世界です。ここに挙げただけでも、人は個人としてどれだけたくさんの関係を持って生きているかがわかります。意識的あるいは無意識的に、これらの関係を一生懸命保って生きているのです。

また、この現実においては時間の中ですべてが起きているので、一瞬前に起きたことが次の瞬間に影響していると住人は信じています。そこから、因果関係が生まれてきます。それぞれの関係を保っている「私」は自分でそれをコントロールしていると信じているため、常に精神的な重み、責任を抱えています。

簡単な例を挙げましょう。どんな女性にも太りたくないという意識があると思います。そこで、ケーキを食べようとしたときに、自分とケーキとの関係が現れます。「おいしそうだけど、これを食べたら太ってしまう」という思考が湧くかもしれません。そこにはスッキリしない、何か重たい感情が隠れています。つまり、「私」は何かに対応するたびに、程度の差はあるにしても、常に精神的に影響を受けているということです。幻想の「私」はいつも何かを計算しながら生きています。それゆえ、人生は重たく、スッキリしないのです。

一方のナチュラルな現実には、分離がありません。そこには中心はなく、一つのエネルギーがあるだけです。ですから、相対性——関係というものがあり得ません。時間が存在しないので、起きている現象と現象の間に、時間の中に見る関係がないのです。それは、原因と結果というものがなく、ストーリーがないということです。何かをコントロールしている存在もありません。ただ単純に、起きていることがあるだけです。

原因と結果

原因と結果が存在するためには、時間が存在する必要があります。

時間は、夢の現実にのみ存在します。実際には、常にあるのは時間のない空間だけです。そして、その中に表面的な時間が現れています。原因と結果も、表面的には起こっています。グラスを落とせば壊れますし、ずっと食べ続ければ、たいていの人は太ります（中には太らない方もいるかも知れませんが……）。でもそれも、ライフが見かけ上規則正しく表現されているだけで、本当は原因と結果があるわけではないのです。無時間の中で、常に新しいことが表面的に起きているだけです。

ここでもまた、映画を例にお話ししましょう。映画の中のキャラクターには、いろいろなことが起こります。たとえばラブストーリーの場合、主人公の女性が運命の男性に出会い、恋に落ち、ハッピーエンドになる、あるいは悲しい結末ですと、最後に死の別れがくるかもしれません。ともあれ、映画では一枚一枚の静止画をつなげてそれを速いスピードでスクリーンに映し出すことで、映像が動いているように見えます。実際は、前に映された画像が次の画像に影響しているわけではありません。まったく関係のない二つの画像をつなげただけなのですが、そこには原因と結果があるように見えます。なぜなら、映画のストーリーがそのように書かれているからです。そして、すべては同じ一枚のスクリーンの上で起きています。映画の中では舞台がニューヨークからパリに変わるかもしれませんが、実際はすべてが常に一つのスクリーンの上で起きていて、スクリーンそのものには何も起きていません。

私たちが普段生きていると思っている現実も、これとまったく同じです。一つの空間があり、その中で、見かけ上の表現が変わっているだけなのです。この見かけ上の表現は、一つのエネルギーがいろいろな形として現れているだけで、誰かがコントロールしているわけではありません。世界は表面上は規則正しく現れていて、原因と結果があるように見えています。でも、それは後づけしたストーリーにすぎず、実際は時間というものは存在しないので、原因と結果もありません。

発達した脳で因果関係とともに世界を見ることができるのは、まさに美しく、すばらしいことです。けれども、それは単にストーリーでしかないのです。ストーリーを現実として、リアルな自分の人生としてとらえたときに、すべてがシリアスになり、人生は重たく、苦悩に満ちたものに変わってしまうのです。これもまた、見かけ上のことではありますが……。

ただ「これ」があるだけ

「全体」としてすでに起きていることだけがあり、それ以外は存在しません。常に「これ」しか存在しないのです。

たとえば、あなたが家にいても、会社にいても、友達に会っていても、常にあるのは「これ」です。家にいるときも、それが「これ」です。そして、「これ」のほかには何も存在しません。

ある方から、次のような質問を受けました。「私が家にいるとき、それが『これ』だということですが、このとき娘は保育園に行っている場合、娘のいる保育園は存在しないということですか？」

答えはイエスです。存在しません。もしも、娘さんと保育園がイメージとして湧いていれば、イメージの娘さんと保育園が「これ」です。

もう一つ例を挙げましょう。世界地図を見ると、世界にはたくさんの国や地域があります。アメリカ、ヨーロッパの国々、中国、アフリカ、インドなど……。そして、それが実際に存在することを私たちは知っています。

しかし、実際あるのは「これ」だけです。たとえばアメリカについて話しているとき、あるのはアメリカのイメージだけです。実際のアメリカは、どこにもありません。

すでに完成された世界のみがある

人はそれぞれ、独立した個人として自分の人生というストーリーを持っています。そして、そのストーリーという夢の現実を生きているがために、完成された世界、ナチュラルな現実が見えません。これが、すでにここにある真の自由から遠ざかり、探求を伴う苦しみの現実に生きている原因です。

実際は、ナチュラルな世界だけが常にあります。完全な自由、世界中の人々が求めているものがいつもここにありながら、それが個人には見えていないということです。個人にとっては、このナチュラルな世界は退屈なものにしか映りません。ですが、個人の幸せを超えた何かを求められる準備ができていれば、このことに「何か」が気づく可能性もあります。

すべては、欠けているものがない「全体」だけです。

誰もが求めていることは、夢の世界から目覚めること、ある意味ゲームを降りることです（実際は、目覚められる人も、ゲームから降りられる人もいませんが）。夢から目覚めるということは、夢の中の主人公である自分も同時に消えるということです。結局、求めているものは、もともと個人の幸せではないのです。

夢の現実は、実在しません。人間の発達した脳によって、見かけ上時間やストーリーがあるように感じられるだけです。実際あるのは、空《くう》のスペースだけです。分離はいっさい存在しません。目覚めたときには、何かが起きているようで何も起きていない「全体」――すべてだけが残ります。

これは、まさに驚きの、ライフの最大のジョークとしか言いようがありません。

Chapter 4

実は……

見るものはすべて自分

実は、幻想の「私」が見ているものは、すべて自分です。

たとえば自分の親や友達を見るときは、彼らに対する自分の印象、自分の考えを投影します。そしてほとんどの場合は、彼らとの歴史の中で生まれたストーリーを通して彼らを見ています。

ですから、「この人は自分のお母さんだ」「彼女はこういう性格だ」「彼女は専業主婦をしている。今紅茶を飲んでいる」というふうに、そのピュアな存在性ではなく、自分の描写やストーリーとしてのお母さんを見ていることになります。

恋愛にマンネリが生じるのも、このように相手とのストーリーを通して相手を見ているからです。つまり、相手はいつも同じ存在で、「この人はこういう人だ」という決めつけによって目の前の人を見ているからなのです。でも実際は、現象――そこに現れている存在というのは常にニュートラルで、常に新しいのです。実は、同じ人だと思っている相手も、常に新しい表現の一つです。

これは、人だけではなく、自然、物質、経験、すべてに対して言えることです。あなたが見ているのは、自分の過去の考えを通した現象にすぎません。人々は自分の考えを現象に投影して見ており、そのままの現実を見てはいないのです。

この本を書いている人も読んでいる人もいない

実は、この本を誰も書いていません。ただ書くことが起きているだけです。何かをしている人というのは存在しないのです。あるのは、脳が活動し、手が動き、キーボードを打っているという現象だけです。けれども、ストーリーにおいては、大和田菜穂が書いて、大和田菜穂の本が出版されたというふうに現れます。ほとんどの人が現実と思っている世界は、単にストーリーの現実です。

よく言われる目覚めた人、覚醒した人というのは（そのような人はもともといませんが）、このストーリーを自分のこととして見る存在を失った「見かけ上の」人のことです。実はそれもまたストーリーにすぎませんが……。

ライフのパラドックスは完璧で、しかもそれを知り得る人さえも存在しない――絶対に知られない謎です。そして、書いている人なしに書いていることが起こっているというのが、とてもナチュラルな現実です。実際は、見た目に起きていることがただあるだけ、ライフの表現がただあるだけなのです。

何も知らない

実は、何も知り得ないのが現実です。なぜかと言うと、世界と分離し独立して世界を見ることができる存在というのがまずいないからです。私たちが「知っている」と思っていることのすべては、私たちの概念の中でのことにすぎません。知識は人間がコミュニケーションのために作り出したものであって、真実ではありません。ナチュラルな世界には、まったく意味というものがないのです。そして、もともと知る必要のあることさえありません。ですから、「知っている」ということは、人間社会の中に限定されたことなのです。言葉は真実ではありませんし、言葉はそのもの自体とはまったく関係がありません。たとえば、コーヒーカップという言葉はそのもの自体の直接の経験ではなく、単なる利便性のためにつけられた名前です。

人は普通、知らないことに対して恐怖をおぼえ、色々なことを知りたがります。もちろん、この人間社会では知識が役立つかもしれませんし、より多くの情報を持っている方が有利だと思われています。けれども、真の自由というのは今まで学んできたこととは正反対で、自分が知っていること、信じていること、すべて知っていると思い込んでいる「私」からの解放です。何かにしがみついているエネルギーが解き放たれ、「全体」に解けていったとき、ナチュラルな現実が現れます。そこに、何かを知っている人というのはいません。

解放は、「すべてがミステリーである」世界そのものとも言えるでしょう。

理想や希望は不満足とセット

多くの人が、理想を持って生きています。今の自分を想定し、未来に何か今よりも良いことが起こること、良い状態がもたらされることをイメージすることも、よくあるでしょう。

なぜそのようなことが必要なのでしょうか?

自分をその身体だと信じ、自分や自分の身体について常にイメージして生きている人々は、それが習慣化されています。言い換えると、「私」は自分の存在を常に確認しながら生きているということです。同時に、その「誰かである」「自分がこの身体である」という収縮したエネルギーが心地悪くもあるので、それを何かでごまかすために探求を続けるわけですが、今ではなく次の瞬間にしか幸せを求められない「私」にとっては、理想や希望が必要です。どこかに向かわないといられない「私」には、目的、目的地、理想が不可欠なのです。

ところが、理想があるということはそのままでは十分でないことを指しますので、その十分ではない感覚をいつも確認しながら悪循環の中で生きていることになります。理想にたどり着いていない自分は不十分な存在だと、心のどこかで常に感じているのです。

どこかに向かわずにはいられない性質を持っている「私」は、たとえ理想に近づいたとしても、また違う理想を掲げて歩き続けます。この理想の探求は、永遠に終わりを告げることはありません。何かを手に入れたとき、同時にハイな感覚、大きな喜びを感じることが確かにありますが、その喜びの感情を幸せと勘違いし、再びそのハイを求めるがゆえに「私」は探求を続けている、とも言えるでしょう。

理想や希望とは未来に対する願いであり、これもストーリーの中、夢の現実にしか存在しないことなのです。

責任は存在しない

責任というのは、夢の現実にのみ存在するコンセプトです。夢の中のストーリーでは、責任というものがあるように見えます。しかし、ナチュラルな現実にはもちろん責任などありません。そこにはただ起きていることがあるだけで、それをやっている誰かというのが存在しないからです。どんな行動についても、その行為者は存在しないということです。

たとえば、「子どもを育てる責任がある」と親は思います。でも実は、その思いや責任とは関係なしに、子どもを育てるということは起きるのです。あるいは、子どもを育てる行動が起きないかも知れません。いずれにしても、実際は誰かが何かをしているということはなく、ただすべてが起きているのです。

自ら生まれてきた人は誰もいません。誰も心臓を動かしていません。血液を流している人もいません。思考も、何もないところから勝手に湧いてきます。おなかがすいたり、眠気が起こったりします。呼吸も起きています。消化が起きています。自然界の生命は自然に育ち、太陽は昇ります。

全体のほんの一部、一パーセントにも満たない人間という存在だけが自由意志を持っていると信じていますが、それは幻想で、すべてはすでに起きているのです。自分でコントロールしている分離した存在なしに、責任という考えは意味をなしません。

真の自由は「私」の生きる現実にはない

コーラの缶が目の前にあるとします。普通はそれを「アルミで出来た缶で、コーラが中に入っている」と思い、物質だととらえます。コーラの缶を見ただけで、すでにこれだけの情報が脳に入ってくるのです。これは、単に脳のすばらしいメカニズムです。

これに加えて、人はさらなる個人的な見方をし、精神的な影響を受けることもよくあります。たとえば「身体に悪そう」「これを飲んだら太るかも」「私の子どもには絶対飲ませないようにしなきゃ」「カフェインがいっぱい入っているから、夜は飲めないわ」というように、今まで蓄えた知識と経験から、物に対しての個人的な意見が付け加えられていくのです。そして、人はその情報をもとにできるだけ良い選択をしようと、意識的・無意識的にかかわらず常に考えています。これが悪いことと言っているわけではありません。常に自分と外界という世界の中で自分を守ろうとし、できるだけ多くの喜びを得ようとするのが「私」の性質です。「私」は世界、経験、起きていること、現れているものすべてに対し、たくさんの思いや考えを抱えて生きているのです。

この現実は自由とは言えません。人は自分が自分の身体だと信じていて、「死は恐ろしいもので、これを避けて生きていかなくてはならない」という信念を持っているため、すべてに対する考えは重く真剣であり、軽やかで、瞬間的で、自由ではありません。いつも計算し、周りとうまくやりとりし、常にトレードが起きているのが人間の世界です。

真の自由とは、お金や自由な時間をたくさん持ち、自分の状況をコントロールすることではありません。これらは、ある意味自由とは反対のことを指します。なぜなら、これらの自由を手に入れ、それを持ち続けるために、努力やトレード、束縛が起こるからです。人間の世界は常に相対性で成り立っていて、自由があれば不自由があるのが当たり前です。その中で、完璧な自由を一生確保することは不可能です。相対の世界、夢の現実には真の自由は存在しません。

つまり、ここで提案する真の自由は、不二の世界にしかないのです。これは、「自分」という精神的な苦悩を抱えた存在自体が、実際はそもそも存在しないという提案です。

Chapter 5

目覚めと解放

すべてを失うということ

私たちが真に求めていること、真の自由は、すべてを失ったときにのみ現実となります。すべてを失うというのは、もともと自分というのは存在しないのだという事実に気づき、あるとき個人的なエネルギーが消失することを言います。そもそも何も失うものはないのですが、誰か個人の影響なしに「自分が確実に存在する」という確信が崩れ、個人という収縮したエネルギーが自然に消えるのです。おかしな話ですが、もともとないものを失うのです。まさに、探求の絶望が伺われます。

普通は、これを聞くと恐怖を感じるかもしれません。ですから、このメッセージが聞こえてくるためには、個人という枠を超えたところに何かを求められる準備ができている必要があります。加えて言うならば、これを誰か個人がコントロールすることはできないのです。

すべては、すでにあるがままに、完璧に起きています。このメッセージが聞こえてきても、聞こえてこなくても、実際はどちらでもいいのです。これもストーリーの一部でしかないからです。

このメッセージについて誰かが興味を持ち、メッセージの中核は何かと聞かれたとしたら、「個人としてのすべてを失い、ナチュラルな現実が現れること」とお答えします。私たちの社会では何かを手に入れることで幸せを手に入れようとしますが、このメッセージはそれとはまったく逆のことを指しています。個人としてのすべてを失ってはじめて、真の自由、永遠の苦悩の終わりが現れるのです。幻想の「私」が消えると不満足な存在が消えるので、あるがままで満たされたすべてが残ります。

これは、誰か個人が何かを失うために努力するということを言っているのではありません。

失うことが目的となれば、失うこと自体が手に入れる対象となりますから、それがまた探求になってしまいます。個人として、自分のためにする行動のすべてが探求です。そこには、「探求をしないようにすること」という行動も含まれます。ただし、それを悪いと言っているのではありません。探求も含めて、すべては常に完璧に起きているのです。

自分がその場から逃げるために何かをすることは、探究心を強め、無の存在に気づくのを避けている行動、解放を先延ばしにしている行動とも言えるでしょう。すべてを失うことでさえ、努力したのではまったく逆効果となるのです。

探求やこういったことに対する深刻さが増してしまうのは、すべてを現実と見ている「私」というベールのしわざです。すべてが起きていて同時にまったく何も起きていないナチュラルな現実というものがあり、まったく個人という存在が関わっていないこの現実の中では、深刻さは完全に姿を消します。

目覚めと解放の違い

目覚めと解放は、まったく違うことを意味します。

目覚めは、個人、つまり幻想の「私」がいない瞬間、「全体」だけが残るということが起きる現象ですが、その後また「私」は帰ってきます。目覚めはある意味経験的で、その経験のあとに個人がそれを自分の経験として所有します。実際目覚めの経験をすると、それがあまりにもすばらしいので、たいてい幻想の「私」はまたその経験を取り戻したいと思います。

これらの経験について語る人がよくいますが、この経験は解放とは関係ありません。それは時間の中で起きていることなので、夢の現実の延長線上にあるのです。しかし、多くの人はこの経験が解放につながると信じて、さらに探求を続けます。

解放が起きたときは、その経験を自分のものとして所有する人はもういないのです。解放とは、エネルギー的なシフトです。収縮した個人的なエネルギーが「全体」に解けて消えることです。「全体」だけが残ることです。

この二つの違いは、はるかに大きいです。目覚めは個人が経験しているものであり、解放にはその経験者がいません。目覚めの場合はその後も探求が続くため、それは完全な自由ではないのです。

先にお伝えしたように、幻想の「私」は思考やイメージだけのものではなく、エネルギー的なものです。目覚めの経験をしてすべてが一つであることを経験として知ったあと、解放に向かうか、そのまま一生幻想の「私」がその経験を所有した状態でいるかはわかりません。そこに決まりはありません。ライフのみぞ知る、です。

収縮したエネルギーである「私」は、幻想ですがとてもリアルで、表面的にはとてもパワフルに感じられます。それと同様に、実は目覚めも解放もストーリーの中のことであり、実際にはそのようなことは起こりません。あるのは常に、「これ」だけです。

解放とパラドックス

解放は、知識や完全な理解でどうにかできることではありません。「私」とは体の中に誰かがいるような印象を与える収縮したエネルギーであり、解放とはエネルギー的なシフトだからです。誰しも長い間「私」として生きてきたので、人にはその収縮した感覚が染みついています。「私」とは探求のエネルギーであるとも言えますが、どんなに完全な理解があっても、この「私」という探求のエネルギーがあるかぎり探求は終わりません。解放は、個人のものの見方や考え方を変えることではなく、この個人的な収縮したエネルギーが消えることなのです。

けれども、探求者である「私」にはこのメッセージが聞こえてきませんし、理解ができません。「私」は、「自分がどうにかすれば解放を手に入れられる」とどこかで信じているのです。そして、理解のうえでは「探求は絶望的だ」とわかっていたとしても、探求をやめることができません。それは、「私」イコール探求だからです。たとえば、何もできないことを知って瞑想のプラクティスをやめたとしても、それは何もしないことをしているにすぎません。「私」が逃れられる場所はないのです。でも、「私」が希望を失うことは悪いことではありません。探求のエネルギーが完全に行き場をなくし、枯れていくかもしれないからです。解放が起きた瞬間、自分以外の何かが、「私」という存在はもともと存在していなかったことに気づきます。そのあとには何も残っていないので、「私」が消滅したことを知る存在さえそこにはもうありません。解放とは「私」の終わりであって、誰かが手に入れることではまったくないのです。

これを聞くと、探求者は「解放なんて意味がない」と思うかもしれません。でも実際は、そう思っている「私」自体が幻想であり、もともと存在しないのです。

そして、究極のパラドックスは、探求も探求者も起きていない、完全に満たされた「自由な現実」が常にあるだけだということです。

「私」が永遠に自由になれない理由

なぜ「私」は完全な自由にたどり着けないのでしょうか？　それは、「私」が夢の中に生きている、夢の存在だからです。解放の現実――あるがままの現実――は、「私」や「私」の住む夢の現実の先にあります（実際は同じ場所なので、あえて言うならば……ですが）。「私」は、自分の人生というストーリーを生きている、夢の現実の主人公です。とてもリアルに見える夢の世界が、普段私たちが生きているコンセプトのある現実です。しかし、夢の世界と夢のキャラクターですから、実在はしません。

ナチュラルな現実、解放の現実は、夢が消えたときに残る現実です。夜寝ているときに夢を見て、目が覚めると「夢から目が覚めた」と普通は思うのですが、その「私」が目が覚めて起きたということ自体も「私」という夢の続きなのです。ナチュラルな現実について言えば、どこか違う場所にそれがあるわけではありません。常に「これ」しかないのです。

解放とは、「私」と「私」の夢の現実からの解放です。探求が起きているのもこの夢の中でのことであり、実際はただ起きていることがあるだけです。

Chapter 6

ありがちな誤解

エゴについて

エゴという言葉をよく聞きます。この言葉は、たとえば「エゴ的な考え方」というように相対的にネガティブな意味で使われたり、また、個人そのものをエゴと言うこともあります。解放について考えるとき、エゴについてよくある誤解として、解放した「見かけ上の人」にはエゴ的な考え方、行動は起きないと思っている人が多いということがあります。そして、多くの人がグルや聖人に対して、完璧な像を投影して見ています。けれども、この考えは「解放するとエゴが消え、ネガティブな考えや行動は起こり得ない」という、人々の理想からくるものです。

解放が起きたあとも、一般に言われるエゴ的な行動は起こり得ます。なぜなら、解放は身体的な特性やキャラクターとはまったく関係がないからです。ニサルガダッタはタバコをよく吸い、短気な性格だったというのは、よく聞く話です。

動物を例に説明してみましょう。動物には自己意識がありません。これは収縮したエネルギーがない、つまり解放と同じ状態と言えます（ですが、人間と違って、それを知る存在がもともといません）。私の知り合いの犬は、ほかの犬に自分の餌を取られないように必死で隠そうとしたり、よく他の犬の餌を奪おうとしますが、動物は発達した脳を持たないので、この行動に対して「エゴ的な行動をしている」とか、「良くない行いだ」などとはいちいち考えません。逆に、すべてを無条件に受け入れたり、すべてを他に与えたりすることもありません。

結局、エゴは人間が起きていることに対して後づけした概念でしかないのです。エゴも、夢の現実にしか存在しません。

欲望とコントロールについて

宗教、スピリチュアル、ヨガなどの世界では、欲望を良くないものととらえ、それをなくすこと、持たないようにすることがプラクティスの目的とされることがあります。

しかし、現れていることに良い・悪いはありません。すべての現象は、目的も意味もなくただ現れているのです。このただ湧いてくるものの中に、欲望というものも含まれます。欲望は、ほかのことと同様に「全体」の中に現れている一つの表現でしかなく、欲望自体にまったく問題はありません。欲望も「全体」の完全な表現の一つです。すでにお伝えしたように、問題は、それを経験していると信じている分離した存在が現れたときに初めて起こります。

たとえば、太ることを良くないことと思っている人たちがいて必死にやせるための努力をしている一方で、太っていることは美しいとされている国があります。このように、太るという現象自体には、意味はないのです。ストーリー上の表面的な良い・悪いはあるにせよ、すべての現象は本質的にニュートラルです。

人は自分が何かをコントロールでき、変化を起こせると信じているため、欲望についても必死で抑えようとしたりコントロールしようとしますが、そもそもコントロールというものは存在しません。自分だと信じている存在自体が幻想であり、幻想の「私」がコントロールという幻想を信じているにすぎないのです。

思考が現れる、呼吸が起こる、肉体的な欲求が生じる、心臓が動く、消化が起きる――どれについても、誰かがコントロールして起こっている活動ではないのは明らかなのですが、自分には自由意志があり選択ができるという考えが人々が持つ基本的な概念であり、手足を動かしたり思考したりすることは自分でコントロールしてやっていると誰もが思っています。しかし、概念は真実ではありません。現象に後づけされたものが、概念です。実際にあるのは、ただ起きていることだけです。

コントロールしようとするだけでなく、人は起きていることに対して自分の意見・評価を付け加えます。そして、それが自分の望んでいることではない場合、理想と違った場合に、状況に対して不満が生まれます。幻想の「私」は、その状況を変えようとするのです。つまり、ライフに対して評価を下し、文句を言っているのです。それはある意味、人間の持つすばらしい傲慢さとも言えます（これもライフの表現ですが……）。

解放について

よく受ける質問に、「大和田さんは、どうやって目覚めたのですか？」というものがあります。

多くの人が勘違いをしているようですが、世界中の誰もが求めている自由〈解放〉とは、誰か個人が手に入れるものでもなければ、誰かが達成するものでもありません。前述したように、それは、自分だと今まで信じていた存在が実はまったく存在しないことに気づき、個人という収縮したエネルギーが消え、すべてが残ることです。

そのときには、今まで探求していた存在というものが消えるので、誰もこのことを知り得る人はいません。そこには「全体」だけが残ります。すべては無のエネルギーが形となって現れているだけだということが明らかになり、完全なリラクゼーションだけが残るのです。

この平凡であるがままのナチュラルな現実を、世界中の人々は求めています。その誰もが求めている自由は本当はいつでもここにあります。探求しているがために見えないだけで、探求者は一度も求めているものから離れてはいないのです。

「真我」「意識」について

「真我は大いなる意識だ」とか、「真我を見つけることが解放だ」「すべては一つの意識だ」などと言われることがあります。そして、目覚めとは「真我」を知ること、それに気づくことだと思っている人もいるかもしれません。また、自分が大いなる意識として、観察者としてだけ存在しているように思っている人も、中にはいます。

でも実は、意識イコール「私」なのです。「私」は、意識し続けることで生き延びています。意識がなくなることは自分の死を意味するからです。目覚めと解放を区別して考えたとき、多くの人が目覚めはしても解放へたどり着かない理由の一つは、「解放とは真我を自分が見つけ、自分が真我として存在すること」だと思っていることにあります。

自分が「全体」としてすべてを観察したとしても、それは解放ではありません。むしろその逆で、意識が残っているということは、自己意識を確認しているということにほかならないのです。

ライフはそのままですでに完全です。誰かに知られる必要も、意識される必要もありません。誰かが真我を知る・見つけるというのは、二元の世界の表現です。時間の中で起きることは、あくまでもストーリーです。

「世界革命《ワールドレボリューション》のとき」「人類の変化のときが来ている」「ワンネスの時代」などということを耳にします。確かに、このようなことに興味を持ちはじめている人は（見かけ上には違いありませんが）すごい勢いで増えていますし、こういったトピックを雑誌その他メディアで日常的に目にする機会も確実に増えました。これはすばらしい動きだと思います。でも、これもすべて夢の世界のことです。とても美しいストーリーです。

すべてはすでに完全で、満たされています。ライフ自体がミラクルなのです。これ以上何が必要でしょうか？

Chapter 7

ライフ

すでに愛の中

ここまでお話ししてきたように、世界中の人々が真に求めているものは、実は一度も幻想の「私」から離れたことはありません。それは、常に起きていることすべてだからです。

けれども、この誰もが探し求めているものは、探求者からは隠れて見えません。その理由は、探求者が必死に探しているからです。そして、探しているものは「全体」だからです。「全体」

は、境界のないすべてです。それゆえ、分離した探求者には見つけることはできないのです。

たとえ見えなくとも、探し求めているものは一度も失われていません。身体の感覚、心臓の鼓動、椅子に座っている感覚、声……すべてを通して、それは常に探求者に呼びかけています。必死で分離の苦しみから逃げようとし、また必死で幸せを未来に求めている探求者の行動自体が、もうすでにある無条件の愛を避けているようなものなのです。

ライフそのものが無条件の愛であり、完全で、満たされています。実際は、もともと何も欠けていない「全体」があるだけです。どこかに行く必要もなければ、何か特別なことをする必要もありません。常に、探しているものだけがあるのです。何かを失った感覚というのは自分が分離した存在だという確信から生まれますが、そもそも分離は存在しません。探求も探求者も実際は存在しません。このことに幻想の「私」以外の何かが気づき、探求のエネルギーが消えたとき、すべては明らかになります。

本当にシンプル

これは、シンプルすぎる現実です。

ただ現象があるだけの世界があります。一つのエネルギーがいろいろな形として現れているだけ――ただそれだけです。本当にそれだけ。

何も隠れていなければ、探す余地のある場所もありません。ただあることがあるだけで、すべては完全にオープンで明白です。

では、なぜそんなに簡単なことが、何十年にもわたる探求につながるのでしょうか？

それは、思考やアイディアを通して世界を見ることに慣れている「私」にとって、あまりにシンプルすぎるからかもしれません。

もう一つの理由は、先ほども言ったように、それを「私」が見つけようとすることにあります。探求者は「私」というベールを通して世界を見ているので、あるがままの現実を見ることはできません。それゆえ、この単純な現実は、探求者からは完全に隠れてしまいます。

このシンプルな現実は永遠に謎です。知る余地は、まったくありません。人々は、アイディア、概念を真実として受けとり、それぞれに何かを信じて生きています。しかし、概念は概念でしかありません。思考は真実を語れません。コーヒーという言葉はコーヒーそのものではないのと同じことです。

どうして太陽は昇るのか？　どうして雨が降り、風が吹くのか？　なぜ木は大きくなるのか？　概念のうえでは何とでも言えますが、実際は太陽が昇ったという現象があるのみです。起きている現象があるだけ――それ以外はすべて、想定の世界です。このことに対して深い気づきが起きたとき、コントロール、自由意志、選択というものが完全に存在しないことが明らかになるかもしれません。

無条件の愛

自分という個人的なエネルギーが消えると、無条件の愛だけが残ります。

その愛は常にとても親密で、何かをジャッジすることなく、すべてを無条件に受け入れます。そして、一度も離れることなく常にあります。また、誰か個人がこの愛を経験しているわけでもなく、誰か個人のものでもありません。

通常、個人としての「私」が言うところの愛は、感情です。そしてそれは、相対性の中で生まれるものです。他人に対して、自分に対して……など、何か対象がある愛です。一方で、無条件の愛は何も対象を持ちません。それだけで完全で、完結している愛です。それはとても平凡で、ときめくような感情でもなく、何か特別なことでもありません。たとえば椅子に座っている感覚、コンピューターを操作する手の感覚、車が通り過ぎる音、紅茶の味、これらのすべてが無条件の愛なのです。

幻想の「私」にとっては、とても興味の湧くようなものではないかもしれません。「なんだ、そんなのつまらなすぎる」「退屈な感覚だ」と思うかもしれません。でも、世界中の誰もが真に求めているのは、この無条件の愛だけなのです。解放が起こると、幻想の「私」はこの無条件の愛の腕の中に解けていきます。

すべてがすでに輝くミラクルです。すべてを主体・客体の目でしか見ることができない幻想の「私」には、これが見えません。「私」はいつも満足感に欠けるため、常に次のことに意識が向いています。ここで言っているのは、「今に意識を持ち続けましょう」とか「意識をリラックスさせましょう」ということではありません。そうなると今度は、意識をリラックスさせることが探求の目的になってしまいます。

すべてを失ったときに残る愛だけが、唯一のピュアな愛です。これがすべての「見かけ上の」人に起こってほしいとか、個人を捨てるべきだという意識もそこにはまったくありません。すでに起きていることが、「全体」の完全な表現です。この世に存在するものはすべて、「全体」の表現でしかありません。

フリーフォール

幻想の「私」は知識を集めるのが大好きで、たとえばノン・デュアリティのトークに対しても、より良い解説や知的な説明を求めたりします。それは、自分がその知識を手に入れたいと思い、それが役に立ち、自分の幸せにつながると思うからです。

でも、どんなにすばらしい解説を聞いたとしても、それを保管しておくことはできません。記憶として残っているように感じ、それを自分が所有しているという錯覚が起こるのは、常に「私」がそこにいて、何かを所有できるということを確信しているからです。しかし、この世に現れているものはすべて、何もないところから現れ、何もないところへ消えていきます。コントロールできるものでも、取っておけるものでもないのです。

幻想の「私」は、思考にしがみつこうとします。思考と知識によって、自分の安全な場所を守ろうとしながら、必死で自分の幸せを探し続けています。でもそれは幻想の「私」の夢の世界で起きていることで、実際は何かにしがみつくことはできません。完全に自由落下《フリーフォール》です。

一《いち》なるオープンな空《くう》のスペースがあるだけなのです。つかまれるものもなければ、そのようなことができる存在もいません。

死について

一般的な現実社会では、死は個人にとって一番恐ろしいことであり、タブーなこととして、あまり語られることはありません。

しかし、死は真の自由です。先の章で、誰もが求めているたった一つのことは自己意識の不在だと言いました。これは、個人の死を意味します。死は、まったく恐ろしいことではありません。「自分が存在し、自分の人生というものがある」というところからすべてが始まっているため、人はそれを失うのがただ怖いだけなのです。個人の死とは、それまで自分だと思い込んできた幻想の「私」の死にすぎません。個人である「私」自体が、脳が作り出した幻想にすぎないからです。

恐怖は「何かを失う」という考えから生まれますが、そもそも誰も、自分の命さえも持っていないのです。つまり、誰も生まれていないから、誰も死なないのです。ライフが人間の身体として、ストーリーとして現れているにすぎないということです。あるのは常に「これ」だけです。身体は老いて死んでいきますが、これも見かけ上のことです。誰も身体の中にはいませんし、無時間の空間——「全体」が、様々な現象、形として現れているだけです。

もちろん、誰かが死ねば深い悲しみを感じます。ですが、この悲しみさえもあなたのものではありません。そのとき一つのエネルギーが、身体として、悲しみとして、涙として形を変えて現れているだけなのです。

探求の終わりは、幻想の「私」の死です。身体がまだあるうちに幻想の「私」の死が起きることが、解放です。生と死は、ライフが作り出した最大のドラマと言えるかもしれません。

ライフのパラドックス

「全体」は、空《くう》のスペースであると同時に、満たされています。

無がすべてとして現れます。

一つが多数として現れ、完全な静寂から音が現れます。

静止が、動きのあるように見えます。

現実であり、現実ではありません。

起きているようで、何も起きていません。

一つが多数として現れています。

ストーリーがあるようで、まったくストーリーがない現実があり、個人が自分の意志で行動しているようで、誰も何もしていません。

人がいるようで、誰もいません。

物質があるようで、一つのエネルギーがいろいろな形として現れているだけです。

時間があるようで、時間のない空間があるだけです。

境があるようで、境はありません。

すべてはライフの完全なパラドックスです。

ライフは永遠の謎であり、この謎である世界がナチュラルな世界です。

解放とは、永遠の謎、ただあることだけが残ることです。

そして、無垢な子どものようにすべてが謎のまま、ライフが続いていきます。すべてはただ生かされているのです。

すべては「全体」の一つの表現

ナチュラルな現実には、境界もなければ、世界から独立した存在もありません。すべては一つのエネルギーであり、完全につながっています。そして、すべてがこの一つのエネルギーの表現です。空《そら》、雲、家、車、自然、人、動物、空気、音、思考、感情……存在するものすべてです。

けれども、幻想の「私」は自分で人生をコントロールして自分の力で生きていると信じ込んでいます。生まれて脳が発達してきたときから、また社会自体が、これを当たり前としてきたので、当然と言えば当然です。しかし、これは（見かけ上ではありますが）人間の世界だけで起きていることです。人間以外に自由意志と選択というものが存在するという考えを持っているものはありません。

ナチュラルな世界にはもちろん、自由意志や選択など存在しません。そこにはもともと分離しているものはなく、「全体」の表面的な一つの動きがあるだけだからです。存在するもののすべては、この一つの表現でしかありません。

実は、そこには分離した幻想の「私」も含まれます。分離した「私」も「全体」の完璧な表現の一つなのです。ですから、良い・悪い、正しい・間違っている、優れている・劣っている……などというものは存在し得ません。どの表現も、完全なる「全体」の表現です。何かを否定することも、怒りを持つことも、ネガティブな感情も、普段私たちがジャッジしてなるべく避けようとすることでさえも、です。さらには、この避けようとする行為すら、一つの表現です。

常に、「これ」しかありません。結局、どんなことが表面的に起きていたとしても、そこから逃げることはできないのです。そして、この完全なる「全体」――無条件の愛に、幻想の「私」は解けて消えていくかもしれません。

Questions
&
Answers

質疑応答 1

ベルギーでのトークより
Q▼質問者　A▼大和田菜穂

Q　何も存在しないというのに、すべてはすでに完全だというのはどういうことですか？

A　このままが完全なのです。この椅子もこの壁も、すべて完成されています。

Q　完全であると同時に、誰もいない、何も存在しないということですか？

A　はい。解放について言うのであれば、その通りです。

Q　では、どうして人は完全と完全ではないというラベルを貼るのでしょうか？

A　ライフは完全です。何も欠けているものはありません。「私」が何かが足りない、満たされていないと感じるのは、境界があるからです。ライフには境界がありません。あなたが真に探しているのは、この椅子、椅子に座っている感覚、この壁、この声……すべてです。私たち人間は時間の中に生きていて、確実に時間というものが存在すると信じていますが、実際は、時間のない「これ」があるだけです。このほかには何もありません。人は何かを手に入れられると信じているため、探求は続きます。未来があると想像し、「自分は自分の人生を生きている」とイメージしながら生きています。でも、それはすべて夢の中のストーリーです。この夢の現実に生きているかぎり、分離の終わりは起こり得ません。なぜなら、それは自分のために何かを手に入れたり、自分のためにどうにかしようとする現実だからです。ここでお伝えしているメッセージが指し示しているのは、この「私」は幻想だということです。そして、すべてがすでに完全に満たされているということです。どうやって、ここに何かを足すことができるのでしょうか？

Q　私は、質問をすることでここに何かを足すことができます。

A　でも、質問そのものには何も足すことはできません。そして、質問にも答えにも、何も存在しないのです。ライフは、普段私たちが見たり行動したりしている現実とはまったく異なります。ここでお伝えしているメッセージは、単純に、ライフ自体を描写しているのです。悟り、解放は、人々が想像していることとはまったく違います。それは、想像できることではありません。知ることさえ不可能です。でも、「私」を超えた何かが「これ」を知っています。なぜなら、「これ」しかないからです。そして、すべては一つのエネルギーからできているからです。皆、それを知っています。

Q　一つだけ意味があるとしたら、意味がないということですか？

A　はい、ライフにまったく意味はありません。すべてはライフの表現です。思考も表現の一つです。何かを知りたい、何かをどうにかしようというエネルギーが、すでにある自由を見えなくし、完璧さを隠してしまっているのです。そもそも誰もこの自由を失っていません。でも、誰にもそれを見ることができないのです。なぜなら、それはすべてだからです。目覚めとは、自分という夢から目覚めることです。誰も目覚めません。ただ、誰にも知り得ないライフだけが残るのです。でも、自分が何かを手に入れられると信じている「私」の頭には、これが満足いきません。このエネルギーが崩れ落ちたとき、完全に満たされた世界が現れます。多くの人が思っていることと、まったく逆なのです。このメッセージを聞いたたくさんの人が困惑しているようですが、それはこのメッセージを利用して自分の人生を良くしようとしているからです。たとえば恋愛でうまくいっていない状況にあったとして、「ティーチャーは自由意志と選択というのは存在しないと言っていたから、自分にはどうすることもできない。でも自分はこうしたい……」というふうに、自分のストーリーの中に起きていることに対してこのメッセージをあてはめて、余計に困惑しているのです。ですが、このメッセージは個人のストーリーに役立てることはできません。単純に、ここにあるがままを提示しているにすぎないからです。何も話すことがないのです。

ノン・デュアリティの知識的な理解はとても人気があります。たくさんの人が知識を増やすことに興味を持ちはじめています。それは、「私」にとってはとても満足いくことだからです。「私」は何かを理解したとき気分が良くなるのです。でも、「私」は楽しい時間を過ごして皆と別れて家に帰ったあと、また一人で孤独を感じたり、寂しくなったりします。また苦しみが始まります。どんなことでも、「私」が手に入れるものはその場しのぎで、長くは続かないのです。それは、あなたが求めているものではありません。あなたは本当は、知りたがる探求のエネルギーの終わりを求めているのです。「私」は実際はいません。これは本当にクレイジーです。ライフが「私」として現れているだけなのです。「私」は完全なライフの表現です。これは、完璧なパラドックスです。何も変わる必要がないのです。でも、「私」にとってはとても居心地が悪く、苦しみです。分離は苦しみなのです。

Q　そして、安全ではありませんね。

A　はい。ですから、「私」は他人からの愛を必要とするのです。常に何か足りない感覚を感じているからです。でも、「全体」はすでに満たされていて、何も必要としません。

Q　知識を完全に失ったら……この知りたいというエネルギーが完全に消えたら、誰も知り得ないライフだけが残るのですね？

A　はい。「私」は人であることを当たり前として生きています。なので、自分が体の中にいるように感じています。そして、世界が自分と離れていると感じています。この分離、境界そのものが居心地の悪い感覚を生み、探求を生みます。そして、「私」は孤独と寂しさを抱えています。この感覚があるかぎり、「私」がどんなものを手に入れようとも探求は終わらないのです。このことは、「私」にとってはとてもネガティブに感じられるでしょう。しかし、このメッセージは愛です。

Q　私の質問は、このメンタルな活動は、私をどこにも導かないということですか？　そして、まったく意味がなく、私は永遠に理解できないということですか？

A　はい。

Q 理解したいというエネルギーは未だに強いですが、時間が過ぎるとともに、絶対に理解は不可能だということがどんどん明らかになっていく気がします。そして、私は自分が自分だと思っていた存在ではないことが明らかになっていきます。それでも、まだ探求のエネルギーが何かを掴みたがっているのも感じます。すべてはとてもクリアで明らかですが、探求は終わりません。

A そうですね。見かけ上は、時間が存在します。見かけ上は、皆さんがこのトークを聞きに来て、先ほど夕食を一緒に食べました。でも実際は、時間はありません。原因と結果は表面的にだけ存在し、実際にはないのです。あなたが今言ったことは、時間の中で起きていることです。時間の中には原因と結果があります。もしかしたら、ストーリーの中では少しずつ「私」というエネルギーが崩れていくかもしれません。「私」というエネルギーが崩れ落ちたとき、あなたがまったくいないことを見ます。自分以外の何かが、誰も存在しないことに気づきます。ナチュラルな現実にはストーリーはありません。そこには何もないのです。ですが、自分以外の何かがこれを見るまで、人生というストーリーはとても現実的に感じられます。

Q 何も起きていなかったことを見るのですか？

A はい。このメッセージは、とてもネガティブに感じられるかもしれません。でも、あなたは何もする必要がなく、何も手に入れる必要がないのです。何かを手に入れられるあなたという存在はもともといないのです。

Q 私にはまだ、時間の中、夢の中に入っていくエネルギーが残っています。それがただの幻想だったと気づくまで、これは続いていくのですね。

A そのエネルギーは、未来に何かを手に入れようとしているエネルギーです。

Q そうですね、何かを取り除こうとしています。

A はい。でも見かけ上ライフがそのように現れているだけで、実際は誰も苦しんでいなくて、誰も収縮を感じてはいません。これが、クレイジーなところです。「私」という存在は、

「私」をとてもリアルに感じます。でも、実際は起こっていないのです。自由は常にあり、一度も離れていません。自由はすべてです。

Q なぜあなたを信じることはこんなに難しいのでしょう？　ある部分では、あなたが言うことを信じます。でも同時に、まったく信じていません。なぜなら、探求は常に続いていますし、あなたが言っていることが理解できないからです。

A このメッセージを信じることは役に立ちません。そして、思考で理解することも不可能です。このメッセージは単なるポインターで、何も理解することはないからです。

Q では、何を指し示しているのですか？

A 「これ」です。すでにある「これ」です。でも、「私」にとっては意味がないことです。世界中の誰もが探していることは、「これ」です。手の感覚、心臓の感覚、座っている感覚、声……あるものすべてが、あなたが求めていることです。けれども、「私」にはそれを見ること、わかることが不可能なのです。

Q　あなたのメッセージを聞きながら、自分が死んでいくように感じます。とても恐怖を感じます。

A　このメッセージは、「私」に対するメッセージではないのです。「私」にはこれが聞こえません。なぜなら、「私」に対するものはもともと何もないからです。このメッセージは、たとえばセラピーなどとは違って、「私」の夢のストーリーに役立てるためのアドバイス的なものではありません。そして、自分が死んでいくように感じるのは、何かがここで話されていることを知っているからです。

Q　菜穂、パラドックスを感じませんか？　何もできないと言いながら、たくさんのティーチャーがいます。あなたたちがしていることは、探求者に餌をやっているようなものです。知的理解をすることを応援しているように感じます。なぜティーチャーは、「家に帰りなさい」と言わないのですか？　なぜ止めないのですか？

A　ティーチャーもまだ夢の中にいるからです。ストーリーの中では、ティーチャーも未だに夢の現実にいるのです。そこではティーチャーはまだ自分が人々を助けていると信じていて、それが良いことだと思っているのです。しかし、ティーチャーも見かけだけの存在で、実際はいません。実際はライフがそのように現れているだけです。

Q　ティーチャーは人の形をしているけれど、実際はそのような存在はいないと言っているのですか？

A　はい、人は存在しません。誰もいません。ストーリーの中で、見かけ上ティーチャーがいて、人々がいて、こういったトークを聞いているのです。

Q　これもまた、パラドックスですか？　あなたは誰もいないと言っている一方で、同時に誰かを助けることができると言うのですか？

A　いいえ。ティーチャーは誰もいないことが見えないのです。ティーチャーや人々は、誰もいないと口では言います。でも、これは単に言葉にすぎません。もし誰かを助けていると信じていることになります。助けが必要な誰かがいて、助ける必要があるとしたら、誰かがいることになります。このメッセージが言っているのは、誰も助けのいる人はいなくて、助けられる人もいないということです。

Q　誰も実際は問題がないと言っているのですか？

A　はい。

Q　私たちは皆ここに座って、あなたが私たちを助けてくれると思い、話を聞いているのです。でも、あなたが指し示していることは、誰もいないということなのですね？

A　ここがクレイジーな部分です。「私」にとってはフラストレーションを感じるだろうし、とてもネガティブに聞こえているかもしれません。「私は苦しんでいるのに……」と思うかもしれません。でも、実際はそのような思い、思考が無から湧いているだけです。

常にライフがあるだけです。たとえばティーチャーが、個人的なアドバイスを与えたり、どこかへたどり着ける方法を教えていたとしたら、そのティーチャーも夢の中にいます。夢の中にいるかぎり、境界は消えません。ですが、そのティーチャーは助けることが助けにならないことを見ないのです。なぜなら、そこでは「私」というストーリーが続いているからです。そうすることで「私」のストーリーはもっと心地の良いものになって、ストーリーは以前より良くなるかもしれません。しかし、心地が悪い感覚を生んでいるのは、分離、境界そのものです。境界が消え、ストーリーが終わる以外に、探求を終える方法はないのです。

Q　つまり、あなたは人を助けないということですか？

A　はい。誰かを助けられる存在はもともといません。

Q　創造の自由を指し示しているだけなのですね？

A　はい。もしできることがあるとしたら、ただここにある完成された、このままの現実を指し示すことです。

Q　そして、それが喜びなのですね？

A　はい。このメッセージは生命の喜びを言っています。ここにあることすべてがライフ――生命です。普通は、たとえば体の感覚や生き物だけを生命と思うかもしれません。でも実際は、この壁、床、椅子、すべてが生命エネルギーです。ノン・デュアリティのメッセージは、理解して役立てるものではありません。何かを良くするための方法でもありません。個人の夢のために利用できるメッセージでもありません。セラピーでも、教えでも、信仰でもありません。このメッセージを家に持ち帰ることはできません。このメッセージは、単純に、完全な自由を指し示しているだけです。そして、見かけ上は、ライフがたくさんの形として現れ、これを楽しんでいるように見えます。

Q　実際は何もできなくて、ただ単純にすべてが起きているのですね？

A　はい。たとえば恋をすることを楽しんだり、いろいろな経験をして人として生きることを楽しみ、一度もこのノン・デュアリティのメッセージを聞くことなく一生を送る人がほとんどです。ここにいる皆さんはこのメッセージをよく知っていますが、外に出ればこのメッセージを知らない人だらけです。ですが、それも完璧なのです。分離自体も、実際は完璧なのです。

Q　なぜなら、私たちは何にも影響を与えることはできないから……。

A　はい。……というより、私たちという存在がもともとないのです。そのままで完全なすべてが残ることが自由なのです。

Q　でも、それはあなたのライフの見方であって、私たちとは違います。

A　私の見方なのではありません。そして、ライフは喜びです。人は喜びの気持ちや感情を喜びと思っているかもしれませんが、ライフ自体が生命の喜びなのです。これは誰か個人の喜びではありません。

Q　では、誰がこの喜びを経験しているのですか？

A　誰も経験していません。

Q　しかし、たくさんのティーチャーたちは、空《くう》の存在を指し示します。

A　はい。それは、単にあるがままの描写です。誰か個人が空《くう》のスペース、何もないところにたどり着こうとすることではありません。それは想像の中で起きていることにすぎません。

Q　喜びについてもですか？

A　喜びもです。すべては単なる言葉です。「これ」は説明することは不可能です。ここでは単に、完全に違う現実が現れることが可能だということを指し示しているだけで、それが起こらなくてもいいのです。

Q　ですが、この、「これ」を知りたい、見たいという願望はここにあります。そして、この願望は「私」として存在することより強いのです。

A　それは、ライフは「これ」を知っているからです。すべては一つのエネルギーでできていて、無がいろいろな形として現れているだけです。常に一つであり、このメッセージも一つから現れているのです。皆、「これ」を知っています。このメッセージはとてもシンプルです。決して暗くなるようなメッセージではありません（笑）。

Q　私にとってはとても落ち込むようなメッセージではありますが、どこかで何かが知っている気がします。

A　ただそのままをあなたは求めているのです。でも、「私」にはそれが見えないのです。

Q　私は探求のマシーンです。ここにあることで満足できないのです。そして、問題を作り上げては、「これ」で満足しようとしていることにイライラして怒りを感じるのです。ただ「これ」だけであるわけがない……と、信じられないのです。なぜなら、「これ」は私にとっては、とても退屈だからです。

A　はい。「私」は、とても退屈に感じるのです。

Q　菜穂、「これ」を見るためには、死ぬ準備ができている必要がありますか？

A　答えはイエスとノーの両方です。ある意味、自分の幸せのために何かを手に入れようとすることを手放す準備ができている必要があります。一方で、「あ！」と気づくようにとても単純なことでもあります。ちょっとしたシフトだとも言えます。けれども、それが起きる前は、「私」にとってはとても怖いことです。なぜなら、「私」にとって自分というのは完全に現実のものだからです。「私」は自分が死んでいくのを感じ、とても恐怖を感じますが、そもそも誰も生まれていませんし、誰も死にません。

普段私たちが生きている現実は、すべてがストーリーの現実です。全世界が夢の世界です。「私」が求めていることは、夢の中、普通の現実の中には見つかりません。「私」は夢の中のキャラクターであり、この現実の外に行くことはできないので、すべてが消える必要があるのです。

Q すべてが消えるとはどういうことですか？

A 「私」と夢が同時に消えることです。

Q どんな夢ですか？

A 「私」という夢です。自分には人生があり、生きていく未来があり、「私」がここにいて、「私」には自分以外との間に関係性があって、自由意志があって自ら選択をして生きているという夢です。これらすべてはストーリーです。コミュニケーションは起こりますが、そこに真実はありませんし、何かを信じている存在というのもありません。

Q　あなたが話している間に、エネルギーがシフトし続けています。「私の人生は最悪で、とても落ち込むものだ」という感情と、「私が手に入れるのだ」という意識……ただ、それは幻想の「私」ですが、この間でシフトし続けています。

A　このメッセージを聞いたときには、何かが「これ」を知っているので、シフトはよく起きます。でも、それは終わりではありません。「これ」は、誰もイメージすることはできません。知ることもできません。理解すら不可能なことです。

Q　あなたを信じれば、それで十分だと言えますか？

A　いいえ。信じるということは、「私」のいる現実にしか存在しません。実際は存在しません。私は単純に、ここにあるがままの自由を指し示しているだけです。信じるということ、原因と結果、分離、すべては夢の現実にしか起きていないことです。自由の現実には、それは存在しません。何がクレイジーかといえば、あなたのその身体がある場所、見た目のあなたがいる場所が、すでに自由なのです。自由は一度もそこから離れていないのです。探し求めているものは、一度も失われていないのです。

Q

私は、すべてを手放す準備ができています。でも、それが起こりません。

A

「私」には、自分で自分を消すこと、自分を殺すことはできないのです。生まれたばかりのときは、何も知らず、ただ生きているだけでした。誰かであるという感覚は、ナチュラルなものではないのです。小さい頃に作られたもので、もともとあなたのものということではありません。よく「すべてがあなたです」と言うスピーカーがいますが、この言葉は勘違いを生みます。そう言った方が「私にとっては」聞いていて心地が良いとは思いますが、そのように言うことはできません。どうしてかと言うと、実際にはすべてが消えるからです。

「私」にとっては心地良いものではないかもしれませんが、このメッセージは愛です。完全な自由を指しています。それは、すでにここにあります。あなたが求めていることは、特別なことではありません。特別な状態でもありません。完全な自由と言いましたが、誰か個人に対する完全な自由ではないのです。それは、何か足りないと感じている人の終わりです。だから、完全で、十分で、自由なのです。そこでは誰も十分ではないと言っていなくて、誰も十分でないと感じていません。どんな感情でも湧き得ます。なぜなら、限界のないオープンなスペースがあるだけだからです。けれども、その感情は誰かに対して起きているわけではありません。悲しみ、怒り、どんな感情であっても、ライフがあるだけなのです。

Q 私たちは、ここに座っています。それは、何かが起きるかもしれないという期待があるからです。たとえばレストランに食事に行ったとして、「あなたには何もない」と言われれば、誰もがきっと立ち去るでしょう。しかし、ここであなたに「あなたには何もない」と言われても、私たちはここに居続けています。どこかに問題があります（笑）。

A そうですね（笑）。それは、ここから立ち去るか、立ち去らないかを決められる人がいないからです。どこにもコントロールというものはないのです。

Q 初めてこのメッセージを聞いたときに、とてもフラストレーションを感じたのを覚えています。この、コントロールが存在しないという事実を受け入れるのは、本当につらいことです。

A 「私」は、この事実を受け入れることはできないのです。

Q それでも、少しづつ、以前より抵抗しようとするエネルギーは弱まっている気はします。

A ある意味、そのエネルギーが降参をするようなものかもしれないですね。

Q 「完全な理解を手に入れたい」という私の問題は、とても重大だと思います。

A それは、「私」が自分が確実に存在する、現実のものだと信じきっているからです。

Q 私は必死に自分の問題を作り上げてきました。そして、今度はこれをまたすべて失う必要があるのです……。

A　ストーリーの中では、「私」はどんどんエネルギーを失っていきます。でも、ここで言っているのは実は本当に単純なことで、まったくネガティブなことではありません。「私」が自分がリアルに存在すると信じているがために、すべてとの境界があるのです。でも、あなたが真に一つだけ求めていることは、分離の終わりです。それは、すでにここにあるがまま、ということです。

Q　では、これからあなたの言っていることを信じていけばいいのですか？

A　これは、何かを信じることとはまったく関係ありません。知的理解や思考とも関係ありません。突然のシフトが起こり得ます。そして、すべてだけが残るのです。このメッセージは、人とは関係ありません。解放は、人とは関係ないのです。

Q　ここに、私は世界から分離しているという概念があります。そして、私は分離しているという強い確信が継続しているような感覚もあります。一方で、私は分離していないと何かが知っています。その両方が闘っている感覚があるのです。ときどき分離していない感覚が勝ちます。すると、やがてまた分離した自分が帰ってきて、こちらが勝ちます。

これをどうしたらいいのでしょうか？　何もできることはないのですよね？

A　ストーリーの中で、私もたくさんの目覚めの経験をしました。そして、そのたびに「私」のエネルギーは以前とは同じではなくなり、弱まっていった気はします。あくまでもストーリーですが……。

Q　分離があるという概念は、思考ですか？　私は、分離があるとどこかで信じています。

A　この社会全体が、分離の現実をサポートしています。そして、人と接するたびに、自分は人と分離していると感じます。自分がいて、親がいて、他人がいて……世界全体がこの分離の現実で出来ているのです。つまり、人は常に分離を繰り返し確認しながら生きているということです。

Q　私たちは、身体を持っていますよね。

A　そう思っているだけです。すべてのアイディア――私たちには身体があって、私たちは個人で、人生を生きている――というのが、幻想なのです。ここでお伝えしているメッセージは、完全に違う現実を指しています。すべては完全で、常にそれは起こっています。解放は、自分がもともと存在していなかったことに自分以外の何かが気づき、自分という個人的なエネルギーが消えることです。その後も、見かけ上人生は続いていきます。ある意味、それまでと何も変わらないのです。何も起きていないのです。

Q　夢は続いていくのですか？

A　いいえ。キャラクターはあっても、もともと誰もいないことを見るのです。普通の現実からすると、本当にクレイジーなメッセージです。以前、「私」を失ったたくさんの「見かけ上の」人たちはこのことをまったく話さないと聞いたことがあります。きっと、相当クレイジーなことに聞こえるからでしょう（笑）。

Q　「目覚めた人」というのもストーリーの中の話ですよね？

A　はい。個人が目覚めるわけではありません。誰も目覚める人がいないことを見る——それが目覚めです。

Q　あなたの最後の解放の経験について教えてください。

A　突然何かが気づいたのです。「私」がいなかったのです。

Q　何か起こったはずです。※サットサンにいた、とかですか？

A　いいえ。自分以外の何かによって、「私」という存在がもともといなかったことを見たのです。そして、個人的なエネルギーが消えました。表面的に、ですが。

Q　ただそれだけですか？

A　はい。通常の経験と無の状態の差というのは大きいので、目覚めの経験はとても特別な経験に感じられるかもしれません。けれども、解放の自由は経験ではありません。ましてや大きな経験ではありません。ただ、あるがままのことです。

Q　あなたに起きたのに、あなたは知らないのですか？

A　私に起きたわけではありません。菜穂というのはもともといなかったことを見たのです。それが起きるまではとてもリアルに感じられていたすべては夢だったのです。つまり、もともと何も起きていないのです。夢を見ているときはそこで起こっていることが現実に感じられていても、目が覚めたときにはそれが完全な夢だったと気づく――それと同じようなものです。そして、実際は何かが、自分という存在は初めからいなかったことに気づいて、そのエネルギーが消えました。

Q　これは夢に目覚めるようなものですか？

A　いいえ。夢の終わりです。説明できませんが、ただ「これ」があるだけなのです。夢の中では、時間の中でたくさんのことが起きています。でも、すべては消えます。ただ「これ」だけが残るのです。そして、「これ」をあなたは求めているのです。「私」には信じられませんが（笑）。

Q　リチャード・シルベスターが以前、「夢から覚めるのではなくて、夢へ覚める」と言っていたのを聞いたことがあります。

A　もし私が言うとするなら、「ライフだけが残る」と言います。

Q　それはきっと、言い回し、言葉の違いですよね。

A　そうかもしれません。でも私は、夢に目覚めるとは言いません。

Q　あなたが言っている「すべてが消えた」の意味は、コンセプト、役割、責任、自分のイメージ、あなたが持っていた歴史、あなたが経験した良いことや悪いこと……すべてが消えて、「これ」だけが残ったということですね？

A　はい、そうです。菜穂に関するすべてが消えました。人々は菜穂と呼びます。そして、瞬間的に返事が現れます。でもそれは、菜穂とはまったく関係ありません。この自由は、幻想からの自由です。今まで信じていたすべてのことからの解放です。これはすべてエネルギー的なことです。収縮したエネルギーが消えて、すべても同時に消えます。誰かが体の中にいるような感覚は、エネルギー的なものです。百パーセントの理解があったとしても、探求のエネルギーが強ければ、それは単なる「私」の持っている理解にすぎません。

Q　世界中のすべての人々は目覚めると思いますか？

A　いいえ。あくまで見かけ上のストーリーの中のことですが、ライフは分離を楽しんでいるように見えます。それに、実際には個人的なことというのはないのです。幻想の「私」でさえも個人的なことではありません。幻想の「私」も一つのメカニズムが現れているだけ、ライフが幻想の「私」として現れているというだけです。

Q ほかのティーチャーは、人類全体がいずれ目覚めると言っています。しかし、あなたはそれはないと先ほど言いました。このことに対して、とても興味があります。

A もしかしたら、起こり得るかもしれません。どんなことも可能です。

Q とても面白いポイントではあると思います。

A 見かけ上、個人という在り方、個人的な社会はとても根強いものに感じられます。世界中がこの個人という形態で成り立っています。

Q 世界全体が変わることは、可能のような気がするのですが。

A 人類全部ですか？　わかりません。幻想の「私」にとっては居心地が悪いとはいえ、個人という形態には何も問題はありません。

Q　あなたは、人類全体が目覚めることはほとんど不可能だと言っているのですか?

A　いいえ、不可能と言っているのではありません。見るかぎり、ライフは個人であることを、楽しんでいるように見えるのです。なので、今この口からそういう言葉が出ましたが、どんなことも可能です。ですから、もしかしたら起こるかもしれません。でも、これもすべてストーリーです。誰も目覚めません。ライフにはストーリーがありません。しかし、ライフはストーリーとして現れているのです。これもパラドックスです。

Q　すべてがまともでなく思えます。脳がすべて作り出しているように見えます。

A　人類の革命のとき、というようなことを最近よく聞きます。人類全体が目覚めることは起こり得ると先ほどお話ししましたが、これはすべてストーリーです。人々はストーリーが大好きです。そのことに問題はまったくありませんが、これを個人的にとらえると、それは自分のストーリーとなり、苦しみが始まります。痛み、怒り、苦しみでさえ問題はありませんが、幻想の「私」が「これは私の苦しみ、私の痛み」ととらえることでそれが生まれます。生まれたばかりの赤ん坊や、人間以外のすべてには、苦しみがないのです。なぜなら、起きていることを自分のもの、自分に対して起きていることととらえないからです。出来事の中には、何も存在しないのです。人間は自分が身体の中にいるように感じていますが、身体の中には何もありません。

Q　私はあなた、と言うことはできますか？

A　いいえ。

Q　私もあなたもいないということですか？

A　はい。

Q　もしまったく分離がないとしたら、私はあなただと言うことができませんか？

A　そういったことはすべて、コンセプト、アイディアであり、想像の中のことです。多くのスピーカーが「あなたはすべてです」とか「すべてはあなたです」と言います。それはある意味真実ですが、ここでお伝えしているメッセージは、コンセプトの先にあることなのです。つまり、そこではもう誰も私はあなただと見ている人はいないのです。すべては消えます。もし「私はすべてです」と言っているならば、まだそのコンセプトにしがみつきたい誰かがいるのです。誰かが「私はすべてだ」という考えに頼りたいのです。でも、「これ」は完全にコンセプトとは関係ありません。想像ともまったく関係ありません。あなたは「これ」をイメージできません。私はあなたで、私はすべてだというのは、単に一つのコンセプトです。

Q　私はできるかぎりのことをします（笑）。

A　メッセージを伝えるのには言葉が使われます。コンセプトも使われます。でも、すべてはポインターでしかないのです。言葉に真実はまったくありません。知識や想像ではたどり着けないのです。手に入れられないのです。

Q どうやってすべてを失ったとわかるのですか？

A 誰も知り得ません。でも、何かが知っています。起きた瞬間、「これ」だとわかります。

Q 認識が起きるのですね。想像とはとても違うものなのですね？

A はい。

Q もし、私が九十九、九パーセント失ったとしたら、それを感じられますか？

A 皆、「これ」を知っています（笑）。あなたが求めているものは、すでにここにあります。一度も失っていません。いつでもあります。あなたは自分が求めているものから離れられないのです。「私はここにいる」というエネルギーが、ただそれにしがみついていたいのです。「あともう少しの理解を手に入れたい」「もう少し理解が深まれば、手に入れられるかも」「次の瞬間に、もしかしたらすべては良くなるかもしれない」「コントロールというのは、ほんの少しは存在するのかも……」など、それがどんな考えであれ、「私」は希望を持っているのです。でも、すべては単に生かされているだけです。

※サットサン——真理の探究のための交流会のこと。

る意味変わってきます。「私」というエネルギーがないので、それまでのような神経症的思考、行動はなくなります。ですが、真の自由は、それぞれの経験、言葉、行動、思考とは関係ありません。

Q 個人とは、「第二の存在（起きていることを解釈する存在）」と同じことですか？

A はい、その通りです。誰も起きていることをジャッジできる人はいません。でも、これは頭で理解することではありません。最後には、このことを知っている人が消滅します。観察者が消えるということです。

Q もし、私のエゴが死に、私という幻想が消え、この身体が死んだとき、カルマによって、違う身体としてまた生まれ変わるのですか？

A 個人は幻想です。個人自体が存在しません。ですから、あなたのエゴももともとないのです。一つのエネルギーがあなたという個人として表面上現れているだけです。カルマとは、ストーリーです。あなたがまた違う身体として生まれ変わるというのも、単なるストーリーです。そして、実際に死というものはありません。

Q 肉体の死について、あなたの意見を聞かせてもらえませんか？

A 肉体の死は個人の終わりであり、そのあとには個人としては何も残りません。「私」がそれを恐れるのは、「私」は自分を肉体だと思っているからです。自分が世界を見て、自分が行動していると思っているので、「私」は死にたくないのです。死んだら何もできなくなるからです。でも、最初から肉体の中には誰もいません。人生を体験している人はいません。それはただの考えや信念でしかないのです。誰も死なないし、初めから誰も生まれていません。死は、身体に対するアイデンティフィケーションの死にすぎません。

「私」、カルマ、死について

Q 「私」とは、どういうことを言っているのでしょうか？

A 私が「私」と言うときは、世界と分離していると信じている収縮したエネルギーのことを言います。

「私」は、自分がその身体で、身体の中にいると信じています。「私」は、自分が人生を選び、コントロールしていると信じています。自分が時間と空間の中に存在すると信じて疑いません。自分が確実に生きていて、いろいろな経験をしていると思っています。さらに、「全体」から分離した、独立した存在だと信じています。自分が独立した個人だという長い間の習慣、確信が強まり、収縮したエネルギーとして現れているのです。

Q あなたの経験の中で、「私」はまだ活動していますか？　それとも「私」は単なる過去の記憶になっていますか？

A 私の経験というものはもうありません。ただ経験が起きています。起きていること以外には、何も残っていません。「私」は記憶ではなくて、エネルギー的な感覚です。でも、「私」というのはただの幻想で、もともと存在していません。

Q 「私」というエネルギーによって、思考、感情、話される言葉は、影響を受けているのでしょうか？　表面的に私が話すこと、感じることは、あなた（菜穂）として表現されていることと同じですか？　それとも、私の「私」というエネルギーによって、変えられてしまっているのでしょうか？

A 「私」というのは、単なる表現です。実際は、まったく力を持っていません。しかし、ストーリーの中ではそれがあまりにもリアルで、すべてが個人的です。確かに、「私」というエネルギーが消えたあとは、見た目上、思考はあ

質疑応答 2

スカイプでのトークより
Q▼質問者（男性／ブラジル）
A▼大和田菜穂

Q　気分は最高です！　私は水曜日にアシッドのドラッグを吸ってから、あなたが話していることと同じことを経験した気がします。

A　それは良かったですね（笑）。私も以前に、「LSDを吸うと似たような経験ができる」と誰かが言っていたのを聞いたことがあります。でも、ここで言っていることは、経験でも状態でもありません。

Q　そのとき、エゴというのがありませんでした。

A　それは、どういう意味ですか？

Q　ええと……その経験が起きている間、私は自分が誰だか完全に忘れました。そして、記憶がしばらくして戻ってきたのです。小さな旅をした感じでした。

A　そうですか。あなたの言っていることは、何となくわかります。私たちは本当は、何かを手に入れたいわけではなくて、自分の不在を求めているのが見えますか？　でも、自分の不在を手に入れようとすれば、それがまた手に入れることになってしまうのです。終わりのないゲームです。

Q　経験が起きている間、私はすべてを手放すことができました。でも、なぜ私は「これ」を経験するためにドラッグが必要で、あなたには必要ないのですか？　あぁ何てこった、私には希望がありません（笑）。

A　あなたは、本当に面白いです（笑）。

Q　そうですか（笑）？

A　でも、個人的にとらないほうがいいですよ（笑）、この身体はどんなことでもよく笑うので。本当によく笑う機械のようです。ときどき、本当に場違いなときにも笑ってしまうんです。

Q　それは、なかなか恥ずかしいことですね。でも、きっとあなたの恥ではないですね。

A　はい（笑）。あなたはどこの方ですか？

Q　ブラジルです。あなたはどこに住んでいますか？

A　パリです。あなたの写真はいいですね。ギターを弾くのですか？

Q　はい。あなたは普段どんなことをしていますか？　サットサンだけですか？

A　はい、それが起きています。

Q　それは、きっとすばらしいことですね。その状態に常にいられることは、まさにすばらしいことです。

A　その状態？　どのことですか？　あるのは「これ」だけです。あなたが今いる場所も、「これ」です。

Q　私の「これ」は、あなたの「これ」ほどすばらしくないように見えます。

A　あはは、あなたはとてもおかしいですね（笑）。すみません、ときどき、わきまえず笑います。

Q　全然結構です（笑）。

A　とても面白い発想です。でも、私の「これ」もあなたの「これ」もありません。ただ「これ」があるだけです。……すみません、笑いが止まりません（笑）。この身体は、薬が必要ないみたいです。

Q　どこに私のエクスタシーはあるのですか？　私の至福はどこですか？

A　また、面白い質問です。「私」の至福というものは存在しません。誰もいません。誰も何かを持っている人はいないのです。ここで指し示していることは、「私」の不在です。「私」の至福でもエクスタシーでもありません。

Q　でも、私は自分の不在のために、ドラッグを使う必要があります（笑）。

A　あなたは何もいりません。誰も、すでにそこにはいないからです。本気で言っています。「私」は、人々の持っている一番の確信が、身体の収縮した感覚として現れているのです。

Q　はい。だから私は、マジックマッシュルームを体験するのです（笑）。

A　あなたは好きなだけ、試してください（笑）。コントロールというのはどこにもありません。どんなことが起きていても、それ以外は起こる可能性はありません。

Q　あなたが今言ったことに対して、私のマインドが大喜びしています。つまり、私はドラッグを好きなだけ、永遠にやっていていいんですね（笑）。

A　どうぞ（笑）。

Q　私の家族はあなたを本当に嫌うでしょう（笑）。

A　そうですね、私を本気で嫌うでしょう。でももうここには誰もいないので、何もできませんが。

Q　誰かがあなたに拷問をしたとしても、きっとあなたはかまわないと思います。

A　いいえ！　それはあり得ません。気が狂ったように逃げるでしょう。そして、すごい恐怖が湧くでしょう。でも、誰もやっていないのです。ただ起きているだけです。

Q　私に「学校や大学に行かなくていい」と言ってください。すべてはやっていられません（笑）。

A　誰が、その許可をもらいたがっているのですか？　菜穂も学校に興味がありませんでした（笑）。

Q　学校はまさに、ブレインウォッシュ（洗脳）です。これは、私の被害妄想ですか？

A　わかりません（笑）。実は、何にも意味はありません。もちろん、料理のしかたやダンスなどを学ぶことはできます。ですが、人生には意味も目的もありません。

Q　私たちは、私たちのスピリットの進化のために、百パーセントのエネルギーを注ぐ必要があると学びました。そして、真我を見つけ、苦しんでいる人たちを助ける必要があると学びました。誰かが私に言ったストーリーです。

A　はい、それは完全にストーリーです。でも、ただあるのは「これ」だけです。何も起こる必要はありません。すべてがもうすでに完成していて、満たされているのです。なぜ、進化が必要なのですか？

Q　この地球には、不当に扱われ苦しんでいる女性がたくさんいるからです。私はこのような痛みをどうしても見逃すことができません。ですから、人類の進化について常に気にかけているのです。私はこのような苦しみが完全に終わる必要があると強く思います。

A　わかります。

Q　本当にひどすぎます。誰もこんな苦しみを経験すべきではありません。

A

はい。わかります。それが現に、見た目には起きています。そして、許せないという気持ちがあなたに起きています。あなたが「変わるべきだ」と強く思っていることも起きています。でも、誰もそれをやっている人はいないのです。ワンネスが、すべてとして現れているだけです。クレイジーに聞こえるかもしれませんが、「これ」があるだけなのです。そして、マインドにはこのことは理解できません。

「私」が消えると、苦しんでいた存在が消えるので、苦しんでいる周囲も消えます。ひどいことが起きたときには、感覚と悲しみが湧くでしょう。しかし、それを経験している対象が消えるのです。悲しみ、感覚、恐怖、怒り……すべては起こります。けれども、これらの感情を変えようとする存在がいなくなるのです。

Q

欲望が今湧いています。この国から離れて、あなたに会って、完全にあなたのプレゼンスに降参したいという欲望が湧いています。でも、たぶんあなたは「そんなことをしても、あなたをどこにも導くことはない」と言うでしょう。だから、ここに残って楽しんだ方がマシな気がします。

A　それは、あなたが正直に求めていることでしょう（笑）。これはエネルギー的なことなので、トークを聞くことはパワフルなことには違いないでしょう。でも、何の保証もありません。そして、常に「目を覚まして」と「全体」は呼び続けているのです。あなたはどこにも行く必要はないのです。

Q　私は、しらふでいることをとても退屈に感じます。でも、あなたは完全に楽しそうに見えます。

A　いいえ、それはあなたの想像です（笑）。この楽しい感情は、誰のものでもありません。誰もそれを持っている人はいません。楽しい感情や悲しい感情は、まったく大切ではありません。あなたは私がエクスタシーを常に感じていると思っているのでしょうが、それは完全な思い違いです。どんな感情も起こり得ますが、誰もここにはいないので、すべてはすぐに消えていきます。それを何も邪魔することがない――フィルターがないので、生命の喜びが強く現れるのです。言葉にはできませんが……。ただ、起きていることがあるだけです。

Q　あなたの解放の経験について語ってもらえますか？

A　ただ「私」が一瞬にして消えたのです。気づいたら、菜穂はいませんでした。とてもナチュラルで、恐怖はまったくありませんでした。これは、大きな経験ということではありません。ただすべてだけが残っていたのです。実際は何も起きていません。

Q　人々はときどき、悟りにはヨガや瞑想を通してたどり着けると言っています。

A　それは、わかりません。決まりはありません。どんなことも、起こり得ます。でも、解放は人とは関係ないのです。なので、もしそれが、誰かが何かをやっていることだとしたら、おそらく違うことを言っているのでしょう。解放は、人の最期です。もし誰かが「私は瞑想からそれにたどり着いた」と言っていたとしたら、それは明らかに違います。なぜなら、人は絶対に解放しないからです。

Q　うん……。今、友達から、ＬＳＤを一緒にやろうという誘いがきたので、私は行きます。

私は、数字を見たいから、行きます（笑）。

A　楽しんでください。

Q　本当にありがとう。

A　ありがとう、私もとても楽しかったです。

Q　いつか会えることを願っています。

A　そうですね。もしかしたら、ブラジルで。

せん。あなたはどうやってこれを見ているのですか？

A ただあるものだけがあって、それはあなたが探し求めてきた無条件の愛そのものです。「私」が現れるやいなや、この自然で普通でパーフェクトなライフが、十分ではなく満足できないものに変わります。でも、その「私」もまた、ライフが「私」として現れているのです。表面的にはライフのエネルギーは収縮されているために心地悪く感じられますが、それはあなたが本当の自分を知らないということではありません（あなたはそこにはいません）。

人は、無条件の愛を普遍的な幸せのようなものと考えますが、もっと普通のものです。苦しんでいる誰かというのは実際はいなくて、無条件の愛はここにあります。これがすべてだからです。それゆえ、無条件の愛なのです。

私は何も見ていません。ここにあるものだけがあって、それが自由ということです。真実なんてありません、真実もただのコンセプトです。ただあるだけです。あなたであることのすべてを失うと、これが明らかになります。

Q **ハッピーな気持ち、満足感、悲しい気持ちが起きます。これも幻想なのですか？　何が真実だというのでしょうか？**

A どんなことでも起こり得ます。なぜなら、すべてがライフだからです。気持ちが幻想だとは私は言いません。「私」はリアルに存在する人である、という考えが幻想なのです。そして、これは大きなパラドックスなのですが、すべては起きていて起きていない、現実であり現実ではないのです。これは頭で理解できることではありません。「私」が消えると明らかになります。

Q **スピリチュアルな先生たちはよく「私たちの真我は大いなる意識だ」と言いますが、まだよく理解できません。**

A 違います、意識は「私」です。それは、まだストーリーの中の話です。「私」が意識しているのです。また、たとえば熟睡しているときは意識がないので、「私」はそこにいません。

真実について

Q 誰もいないならば、誰が質問し、誰が答えているのですか？　菜穂の言葉に本当に真実はあるのですか？

A 真実は、概念や思想、思考とはまったく関係ありません。そして、誰も話していなければ、聞いてもいないし、ここで話されていることはすべて、真実ではありません。ライフには、概念や意味はありません。それらは、ライフが思考として現れているだけです。今あなたが見ているような、菜穂が話していて、あなたが聞いているということ自体がすでにストーリーです。

そして、この菜穂の見かけは、後ろにある壁と同じです。いずれも「全体」のエネルギーが、菜穂として、壁として現れているだけです。生命エネルギーが単に起こっているだけなのです。この話し声は、何もないところから現れます。 生命エネルギーが、声として現れているのです。

Q 何が真実ですか？　私が見るもの、感じるものはすべて、永遠ではありません。たとえば、生と死……。何も永遠に続くことはありません。しかし、まだ何が永遠なのかを知りたいという欲望があります。

A 表現として現れている一つひとつのものは、あなたが知っているように、永遠ではありません。ここにある「全体」だけが、永遠なのです。あなたは常に永遠に触れているのです。しかし、この「全体」は誰にも知られることはありません。永遠の謎があるだけです。

Q 本当の愛はすべてとして常に存在しているのに、私というアイデンティティが真実の世界を隠してしまいます。私は恐怖で、愛ではありません。でも、恐怖がないとき、身体はリラックスして、すべてが愛で、意図もなく、変わらない幸せがあり、何も変える必要がありません。なぜ、「私」が現れるのですか？　この幻想の「私」があるとき、真実の私が何なのかわかりま

質疑応答 3

スカイプでのトークより

Q▼質問者（男性／ブラジル）

A▼大和田菜穂

Q

あなたが言っているのは、思考のない状態のことですか？

A

まったく違います。思考も含めて、すべてが「これ」です。ライフが「私」や「あなた」という存在なしに、ただ起きているだけです。人間は、自分が世界の中心だと思っていて、自分が経験をしていると信じていますが、実際は経験をする人というのはいません。ただライフが起きているだけです。とても明らかで、本当にシンプルです。

Q

ということは、スピリチュアルなプラクティスには意味がないということですか？

A　意味があるかと言われれば、ありません。すべてに意味はないので、ある意味、プラクティスが悪いというわけでもありません。そして、プラクティスをするかしないか決めることができる人というのもいないのです。起きていること以外、起こり得ません。ただ、プラクティスは探求の餌だとは言えます。

Q　仏教の修行僧には言わない方がいいでしょう（笑）。

A　そうですね（笑）。プラクティスはまさに永遠に続くゲームです。仏教徒も、ライフが仏教徒として現れているだけです。でも、自由という観点からだけ言えば、どこかにたどり着くために修行している人自体が「私」という牢屋と言えます。「私」とは収縮の感覚であり、「私」がいるときはいつも自由ではないのです。

Q　解放は、個人が選択できることなのですか？

A　いいえ。たとえば、牢獄にいる人が一生懸命プラクティスをして安らぎを得たとしても、牢屋からは出られません。自由意志や選択は存在しないのです。

Q きっと、その気づきはとてもナチュラルで、無理矢理何かをすることとは違うのでしょうね。

A まさに、その通りです。とてもナチュラルなことです。

Q あなたはきっと、こうやって何度も繰り返し答えていることに、疲れているでしょう。あなたは本当に、ノン・デュアリティについて話すことを楽しんでいるのですか？

A このメッセージは、本当にすばらしいメッセージです（笑）。そして、私のものではありませんが、喜びはここにあります。一方で、ときどき「見かけ上の」人々から、このメッセージに対する大きな怒りが起こります。このメッセージは「私」にとってはとてもフラストレーションを感じるメッセージであり、大きな怒りを生むことがあるのです。でも、ここにはナチュラルな現実に対する情熱があります。そして、誰かに理解させようという気持ちはまったくありません。……誰もいないので（笑）。これは、本当にすばらしすぎます。誰に対してでもありませんが。

Q　あなたが話すことに対して、キリスト教徒の人たちがどう反対するかが見えます（笑）。なぜなら、彼らはとても強い信仰心を持っているからです。

A　これは、まさにクレイジーなメッセージです。世界中が夢の世界だと言っているのですから……。普通は人には言えません。普通の会話の中であなたがこれを言ったら、人々はあなたが気が狂っていると思うでしょう（笑）。

Q　今までに、信仰のある人に対してこのメッセージについて詳しく話したことはありますか？

A　いいえ。一度も、トライすらしたことがないです（笑）。理解させる必要のある人自体が誰もいません。いずれにしても、「私」にはこのメッセージが聞こえませんから。

Q　私は、ロボットと話をしているのですか（笑）？

A　いいえ、さらに究極です（笑）。そこで話しているあなたというのがいないのです。無人が無人と話しているのです。

Q　美しいゲームだと思いませんか？

A　はい、切なさと甘い感じの両方ですね。いつも美しいだけではないですから。ときどき、残酷なひどいことも、見た目には起きます。ですが、実際は何も起きていません。

Q　わかります。私も、ライフは美しさと残酷さの両方だと思います。マスターが話すことはわかっても、苦しみの終わりがまだ見えません。

A　はい。苦しみの終わりを見ることができる人は誰もいません。なぜなら、苦しみの終わりとは、それを見ている「私」の終わりだからです。本当に完璧なゲームです。

Q　あなたは、恐怖を感じますか？

A　ここに恐怖を感じる存在はいませんが、恐怖は湧きます。どんなことでも起こり得ますが、それは誰に対してでもありません。

Q　私から見ると、あなたは完全な思いやり、愛、そして受容です。あなたはきっと現実のものです。

A　あなたはスウィートですが、それは違います（笑）。ただ、思いやり、愛、受け入れることがここにあるだけで、私には関係ありません。どんなことが起きても、もう私がいません。ここには、何かを受け入れる存在がいないのです。ただライフが起きているだけです。ライフこそミラクルです。すべてです。

Q　私はあなたに触れられません。あなたは、無だからです（笑）。

A　はい（笑）。すべては無です。あなたも含めてです。

Q　やはり、どうしてもあなたを信じられません。

A　あなたは正直です（笑）。もちろん、「あなた」はこのことがわかりません。それは、当たり前です。

Q　殺してください。

A　あなたがすべてを失ったとき、ここで言っていることが明らかになります。でも、そのときもうこれを知っている人は残っていません。ここには、誰かを殺せる人は誰もいません。

Q　しかし、痛みと何か足りない感覚、そして恐怖がここにはあります。

A わかります。それが、そこで起きているのです。でも、誰もいません。

Q では、なぜ誰もいないということは良いことなのですか？　誰もいなくても、まだ苦しみがあります。

A なぜなら、苦しむことのできる人も誰もいないということだからです。苦しみも、どんなことも起こります。でも、それが起こり得る対象がいないのです。

Q 一つ教えてください。私の人生で出会ったすべてのマスターに従って、私のすべての力と心をもって、真実を突き止める必要はありますか？　それが私を導くことはできますか？　答えはイエスですか、ノーですか？

A ノーです、ノー、ノー、ノー（笑）！　マスターは存在しません。どこにも従っていける人はいません。ただ起きていることがあるだけです。とってもシンプルです。あなたが私に言っていることは、すべてストーリーです。彼らがとってもすばらしいのはわかります。けれども、すべての個人は、夢のキャラクターです。

Q　Oshoを知っていますか？

A　ごめんなさい、名前は聞いたことがありますが、彼の話は聞いたことがありません。Oshoも、ラマナ・マハルシもいません。すべては夢のキャラクターです。信者に言ったら、殺されそうですね（笑）。でも、すべてはワンネスが個人として現れているだけです。そして、ワンネスはストーリーとしても現れているのです。

Q　しかし、ラマナやガンジーがしたように、人々を助ける必要があります。あなたは、どれだけの人が苦しんでいるかを知っていますか？　私たちはそれに対して何もしていないのです。

A　あなたが言っていることはわかります。違う現実を見ているのです。その苦しみでさえ、ワンネスが苦しみとして現れているのです。そして、起きていること以外は起こり得ません。人を助けることや、何かをすることは、もちろん起こります。ですが、ここで言っていることは、それを誰もやっていない、ということです。ただ、助けるということが起きているだけです。ほかのことと同じように、です。

Q　菜穂は、本当に苦しんでいる人を助けていないのですか？　それがそこで起きているのではないのですか？

A　いいえ。ここに、誰かを助けられる、菜穂はいません。なぜか？　なぜなら、ライフが単に起きているだけだからです。あなたは、誰かがここにいて人を助けているということを、ここに投影しているのです。ですが、ここには何かをしている人はいません。助けることが起こるかもしれませんが、菜穂がやっているのではないのです。ただ、助けるということが起きているだけです。

それ以外は存在しないからです。すべてであるこの無条件の愛はいつもここにあるにもかかわらず、時間と空間の中に存在すると信じている「私」の「この愛を見たい、手に入れたい」というエネルギーが隠してしまうのです。しかし、これがライフのパラドックスなのですが、この愛を手に入れたいというエネルギー自体、実際は起きていないのです。

Q あなたは男女の恋愛関係を信じますか？　それとも、これも単なる夢のようなものなのですか？　もし、二人が恋に落ちたらどうなるのですか？

A ここに、何かを知っている、信じている存在というのはいません。ただライフが起きているだけです。起きていることがあるだけです。

ほとんどの人は、恋愛をとても大切なことと思っています。見かけ上では、関係が起こります。同じ家に一緒に住んだり、コミュニケーションが起こります。しかし、実際はただそれが起きているにすぎません。また、それは良いことでも悪いことでもありません——ほかのこととまったく同じように。そして、誰も身体の中にはいないのです。あなたと私がここにいて、一緒に将来に向かって、人生をともに生きていく、というのはストーリーです。

でも、幻想の「私」は、「全体」と分離し独立した存在として、自らがリアルに存在していると信じています。そして、常に何か足りない感覚を抱えています。幻想の「私」は愛が足りないと感じていますので、常に恋愛関係の中に「愛」を求めたり、家族、パートナー、友人、他人から愛を受けようとし、それを継続させようと必死に努力します。カップルは、一生一緒にいようと誓い、その関係を成功させるために努力します。

けれども、真の愛は、他との関係の中には存在しません。それはあなたが本当に求めていることではありません。あなたが本当に求めていることは、努力を一切必要としません。なぜなら、真の愛は常にここにあるすべてだからです。必死にこの愛を探して見つけようとする幻想の「私」は、この愛を決して見つけることはできません。あなたが求めている愛は、誰かが手に入れられるもの、対象物ではないのです。それは、どこにでもある「全体」です。ライフ自体が、無条件の愛です。

愛について

Q あなたが愛と言うとき、どういうことを指していますか？

A すべてです。すでにここにあるすべてが、無条件の愛です。あなたがどんなに悲しかったり、寂しかったり、落ち込んだり、がっかりしていたとしても──それがどんな経験であれ、感情であれ、それ自体が無条件の愛です。なぜなら、無条件の愛、ここにあること以外存在しないからです。

たとえば誰かに恋をしたとき、胸のあたりで何とも言えない熱い感覚を感じたことがあると思います。ときめくような嬉しい感覚です。ここで幻想の「私」は、この感覚を自分のものとして取っておきたい、失いたくない、というふうに思います。でも、すべての経験や感情は、行ったり来たり変化し続けています。

一方、生命エネルギー、無条件の愛は、変わらず常にここに存在します。あなたが求めてやまないこの愛は常にここにあり、「個人の夢から目を覚まして」と、身体の感覚、気持ち、味、におい、音などを通していつもあなたに呼びかけています。

Q 生命（生命エネルギー）を無条件の愛と言っているのでしょうか？

A はい。生命というと、動物、植物など生きているものだけだと思いがちですが、コンピューター、椅子、床、すべては生命エネルギーです。一つの生命エネルギーしか存在しないのです。椅子と身体には境があるように見えますが、実は境はまったくありません。無がすべてとして現れています。人は誰も、すでにその愛の中にいるのです。

Q どうやって、この無条件の愛を見ることができるのですか？

A この無条件の愛を見ることができる人はいません。それはすべてであり、

質疑応答 4

スカイプでのトークより
Q▼質問者（男性／フランス）
A▼大和田菜穂

Q 仕事場で人々は文句ばかり言っていて、もう聞いていられません。あなたはまだ、ときには心配をしたりしますか？

A 心配や悲しみ、怒りなど、どんな感情も湧きます。でも、それが起きている対象がここにはないのです。

Q 抵抗について教えてください。人生に対して抵抗している自分がいます。抵抗すればするほど、苦しむことも知っているのですが……。

A　今、抵抗がそこで起きているのです。でも、ただ抵抗が起きているだけで、実際は誰も抵抗していません。誰も存在しないのです。

Q　それは、すばらしいことです。

A　本気で言っているのです。

Q　私は、思考を止めて眠るために、お酒を飲んだり、薬を飲んだりしています。これは悪いことですよね。

A　いいえ。それはただ単に起きているのです。起きていることに、良いも悪いもありません。ただ起きていることがあるだけです。とても単純です。

Q　では、この苦しみもですか？

A　はい、すべてです。苦しみも、良いものでも悪いものでもありません。ただ、それが起きているだけです。

Q　菜穂は苦しむのですか？

A　いいえ。ここで言う苦しみとは、誰かが経験を自分のものと認識したときに起こるものです。そして、苦しみは分離それ自体です。でも、ここには苦しみが起こる対象がないのです。

Q　菜穂には、泣いたり、落ち込んだり、ストレスを感じたりといったことも、何も起こらないのですか？

A　すべては起こります。ですが、ただそれがあるだけです。落ち込みはもう起こっていませんが、どんな感情でも起こり得ます。ただ、それを自分のものととらえる存在がいないのです。ただ感情があるだけです。

Q　わかりました。でもここには、幻想の「私」がまだあります。では、なぜ苦しみが現れるのでしょうか？　私は苦しんでいます。

A　「私」が苦しんでいるように感じるのですが、そもそも「私」自体が苦しみの原因なのです。でもそれは幻想なので、実際は誰も苦しんではいません。すべてだけがあるのです。人が存在しないパラダイスです。

Q　しかし、菜穂のように考えることは不可能です。いつも笑って、すべてに愛を見ることは自分にはできません。私はあなたに嫉妬しています。

A　それは違います。ここには、何かを考えたり、見たりする存在がいないというだけです。ただ考えること、見ることが起きているだけなのです。

Q　私には理解ができません。

A　そうですね、これは理解できることではありません。

Q　でも、理解というものはある気がします。

A　これは理解ではありません。理解をしたいという探求のエネルギーの終わりを言っているのです。実際、何も理解することはありません。

Q　一度殺したいです（笑）、その後、あなたを自由にします。

A　もう死んでいるので、これ以上殺せません（笑）。

Q　私は必死で何かを探し求めています。でも、何も見つかりません。お酒を飲んで、すべてを忘れようとしています。

A　何も忘れることはありません。記憶の思考が今湧いているというだけのことです。

Q 毎日、思考にいかないようにしています。

A 誰が思考にいかないようにしているのですか？　それ自体が「私」という幻想のエネルギーです。

Q わかります。

A これはまさに、誰に対してでもない、完璧なトリックです。すべては常に新しいのです。思考だけではなく、すべてがです。感覚、感情、思考、コンピューター、テーブル、椅子、すべてです。「私」も実は、継続的なものではないのです。

Q あなたは今話していることを意識していますか？

A いいえ、ただ話していることがあるだけで、誰も話してはいません。これは、完全なミステリーです。思考には理解不可能です。すべてはあなたの想像です。想像以外のどこに、菜穂はいるというのでしょうか？

Q　実際私は、「これ」に気づくのに恐怖を感じています。私は思考を止めたいのです。

A　それは不可能です。どこにもコントロールというものは存在しません。

Q　あなたは「菜穂」を意識しているのですか？

A　菜穂はもういません。

Q　では、どうやってあなたは話をしているのですか？

A　ただ会話が起きているだけです。ここにストーリーはありません。

Q　私は音楽で成功したいと思っています。これもストーリーですか？

A 幻想の「私」は、将来に夢や希望を持っています。でも、それは夢のような現実です。

Q では、ただ世界があるだけですか？

A いいえ、世界もありません。ただ「これ」があるだけです。

Q でも、あなたはあなたの過去を見ることができますよね？

A いいえ、誰も過去を見ていません。過去の記憶が何もないところに湧いているだけです。

Q 私にとって、すべては本当に苦しみです。私はすべてを手放さなくてはなりません。

A 何に苦しんでいるのですか？

Q 私の人生のストーリーは良いストーリーではないからです。

A　それは、ストーリーにすぎません。

Q　私は、もっと良いストーリーが欲しくて、自分のストーリーを受け入れたくないのです。

A　それは、あなたが自分のストーリーを自分だと思っているからです。でも、それはストーリーでしかなく、あなたはその中にはいません。

Q　しかし、私は常にこのストーリーに戻ってきます。事あるごとに、ここに戻ろうとします。

A　誰がどこに戻れるのですか？

Q　あなたの言っていることはわかります。でも、どうすることもできません。誰もいないことはわかります。

A　誰もいないことがわかるというのは、単なる理解です。そして、あなたは、あなたとあなたの人生が現実のものだと信じているのです。

Q　わかります。でも、ストーリーが今起きているのです。「今、わからない男性に向かってわかっている女性が話をしている」というストーリーです。

A　そうです。それもストーリーです。

Q　では、何が現実なのですか？

A　すべては表面的に起きていて、現実であり現実ではないのです。そして、あることがあるだけです。

Q　真実、現実、良いこと、愛……こういったことはすべて存在するのですか？

A　すべては概念です。実際は、あることがあるだけです。

Q　あなたはいつも、すべてが愛だと言います。

A　あることだけがすべてです。そして、これが愛です。なぜなら、常にあって、一度も離れていないからです。そして、すべてを無条件に受け入れているのです。……これもストーリーですが。あることが無条件の愛で、すべてが「それ」です。

Q　以前のあなたは「それ」を見ていなくて、今は見ています。あなたの感覚で何が変わったのですか？

A　何も変わっていません。ただ菜穂という存在が消滅したのです。残ったのはライフだけです。もうここに菜穂はいません。

Q　では、たとえばどうやってこれを人に説明するのですか？

A　もしあなたが、道行く人を見て「誰も歩いている人はいない」と言えば、人はあなたをクレイジーだと思うでしょう（笑）。このメッセージを聞くには、このメッセージが聞こえる準備ができている必要があります。

Q 私がこのことを十年前に聞いたときは、本当に恐怖を感じました。そして、自己意識を余計に強く感じました。

A 「私」は自分が確実に存在すると信じているので、このことを聞いたとき、ほとんどの人は恐怖を感じます。

Q ランチのときに、とても怖い経験をしました。突然、何かが自分がいないことに気づいたのです。そのとき、何もそこにはありませんでした。そして、とても恐怖を感じて、「私」が戻ってきました。なぜこんなにも恐怖を感じるものなのでしょう？

A 「私」はどうしても死にたくないからです。自分が死なないように、必死で戻ってくるのです。

Q　だから、私は恐怖に立ち入らないようにしています。

A　誰が恐怖に立ち入らないのですか？　そんなことができる人はどこにもいません。ただ恐怖があるかないか、だけです。「生き延びたい」というのが「私」の特性なのです。でも、実際は「私」もいません。幻想です。恐怖、怒り、悲しみ、避けようとすること、何かを頑張ること、何も頑張らないこと、すべてはあなたではありません。ただ、起きていることがあるだけです。ただ、ライフが起きているだけです。

Q　これらのすべては誰もいないところに起こり得るのですか？

A　もちろんです。

Q　私はあなたのようにすべてを理解できません。

A　当然です。何も理解するようなことはないからです。これはエネルギー的なことなのです。探求のエネルギーが消えたとき、このことが自然と明らかになります。何かを理解しようとするのが、探求のエネルギーです。何も理解して得られることはありません。「私」がすることはすべて、探求のエネルギーです。それでも、突然のシフトが起こり得ます。そのとき「私」という探求のエネルギーが消えて、「全体」だけが残るのです。これが真の自由、分離の終わりです。自分を含めてすべてを失うのです。これは、個人の最期です。ですから、自分が確実に存在すると信じている人にとってはとても恐ろしいものです。自分の最期ですから、当然恐怖を感じるでしょう。

Q　私は、本当に探求をやめたいのです。

A　あなたは、探求をやめられません。「私」イコール探求です。「私」が消える必要があるのです。しかし、その「私」は幻想です。

Q　私は女性を手に入れたいし、悟りも手に入れたいのです。

A　きっと、女性を手に入れるほうが簡単でしょう（笑）。

Q　なぜそんなことを言うのですか？

A　悟りはあなたの死だからです。それを本当に望んでいますか？

Q　ときどき、真剣にそれを望みます。

A　幻想の「私」は、それを望んでいると同時に、望んでいないのです。なぜなら、幻想の「私」は自分の幸せしか望めないからです。そして、苦しみからただ逃れたいのです。でも、どこにも逃れられる場所はありません。実際はすべてが無条件の愛で、どこにも行く必要はないのです。

Q　私は、女性とのすばらしい愛を得たいという幻想を持っています。

A　それは大きな幻想です（笑）。

Q　菜穂、恐怖について答えてくれますか？　私は、自分がコントロールを失うのがとても怖いのです。自分が気づくまで、ライフが自分のコントロールなしに起きているのを見るのが怖いのです。

A　幻想の「私」は、死にたくないし、コントロールを失うのが怖いのです。すべてを観察しているのが幻想の「私」であり、「私」はすべてを知っていたいのです。「私」は自分の不在にとても恐怖を感じます。これはまさにトリックで、気づいているということ自体が、「私」が存在し続ける方法なのです。

Q　思考のあとにさらに続いて現れる思考が「私」の正体ですね？

A　はい。ただ、「私」は思考だけではなく、エネルギー的なものです。思考だけであれば、それは単なる思考です。

Q　今夜、私は確かに見ました。「私」はジャッジメントです。起きたことに対してジャッジする存在です。そして、ライフから分離しています。

A　はい、「私」は分離の存在です。

Q　でも、私は今恐怖を感じています。なぜかと言うと、私は自分が存在しないことを知っているからです。

A　はい。

Q　これを深めていかなくてはなりません。

A　そうではありません。誰がそれを深められるというのですか？　それがまた、「私」の考えです。

Q　わかります。

A　幻想の「私」は、自分の存在が消えるまで永遠にどうにかしようとするのです。

Q　わかりました。どうにかしようとすることは重要ではありませんね。それは、自分の影を掴もうとするようなもの、マインドのトリックのような気がします。私たちは現実に対して「ただのトリックだ」と言いますが、一方で、私はとても怯えています。それはなぜでしょうか？

A　人間にとって、ライフは困惑するようなことばかりに見えます。でも、何も怖がることはありません。すべてがライフです。分離はどこにもありません。

Q　解放のあと、あなたの性格は変わりましたか？

A　この声、話し方、キャラクターは変わっていません。ですが、ここには誰もいません。

Q　私は今この瞬間を避けるために、たくさんのことをします。タバコを吸ったり、お酒を飲んだり、女性を探したりします。

A　そこに問題はまったくありません。ただそれが起きているだけです。ライフ自体に間違いはあり得ません。

Q　では、戦争、暴力、悪さ、人を尊重しないこと、それもライフですか？

A　はい。ストーリーの中での良い・悪いはあります。でも実際は、良い・悪いというのはまったく存在しません。あることがあるだけです。お酒やタバコなど、何かが必要なのは、苦しみがあるからです。分離のせいで人々は苦しみ、見かけ上のクレイジーなことをします。でも、それもライフの表現でしかないのです。ライフ自体は、常に完璧で完全です。何も必要ありません。

Q　菜穂、幸せのもとは「ただあること」だけですか？　ほかはすべてストーリーですか？

A　幸せのもというのはありません。そして、幸せはあなたが思うようなものではないのです。ライフ自体が愛だからです。幻想の「私」が消えたとき、無条件の愛だけが残ります。あなたはライフや幸せや愛に近寄っていくことはできません。これは、あなたの終わりなのです。

Q　もし愛だけが残ったら、悪いことは続けられないのではないですか？

A　愛はあなたが思っているようなコンセプトや感情ではありません。ルールはないので、どんなことでも起こり得ます。

Q　あなたも悪いことをしますか？　ジェラシー、ドラッグ、お酒、お金、パワーの行使……。

A　どんなことでも起こり得ます。でも、菜穂はもともとドラッグもやらず、結構まじめでした（笑）。とはいえ、これはストーリーです。起きていることがあるだけです。

だ起きていました。この経験の中では、無時間が永遠に踊り、瞬間的に咲いていて、すべてが独立しつつ、交わっていました。美しい混沌が表現されていました。視覚的にはこの経験は残っていませんが、感覚の向こうの深い気づきとして残っています。これは、何かに続く経験でしょうか？

A 解放は、気づきではありません。それは、もともと自分がいなかったことを何かが見て、「私」というすべてのエネルギーが消えることです。気づきは、幻想の「私」が所有しているものです。そして、経験を取っておくこともできません。ここで指し示していることは、ある状態ではないのです。何かが何かに続くということはありません。それは夢の現実のことです。原因と結果は夢の世界にしか存在しません。

Q **あなたが言う「誰もいない」ということに、私は真実を見ます。確かに、自分で自分を探しても、自分は見つかりません。でも、そのあと思考が現れて、「私」のストーリーがまた続いていきます。そして、がっかりして、再び収縮した感覚が現れます。どうすれば、毎日、毎瞬、繰り返し始まるこの思考を信じる習慣を、永遠に消すことができますか？**

A 誰が「私」がいないことを見ているのですか？　誰が「私」がいないことを知っているのですか？　誰が「私」を見つけられなかったのですか？　これ自体が「私」のダイナミクス、知ろうとするエネルギーです。

私が指し示しているのは、「自分が収縮していて、自分のストーリーが続いている」と思っている存在の終わりです。その収縮を消したいというエネルギーの終わりです。何かできる人はそこにいません。ただ起きていることがあるだけです。

起きていることから分離している存在はいません。もしそれを見たり知ったりできるとしたら、それは「私」です。実際は、起きていることから離れて見ることができる存在はおらず、起きていることから逃れることはできません。思考の習慣が止まるか止まらないか、誰もコントロールできる人はいないのです。そして、起きていることに問題はありません。問題は、あなたが「自分が人生を経験している」と思うことによって起きるのです。

探求の終わり・解放について

Q 何が探求を終わらせるのでしょうか？

A 終わるときはただ終わるのです。ライフが探求者のフリをしているだけです。ライフが自分を見つけるゲームをしているだけなのです。そして、実際は探求者は存在しません。そんなふうに見えるだけです。すべては表面上起きているだけで、探求者、目覚めた人、解放、すべては夢の中の出来事です。何も起きていません。これがすでに自由なのです！

Q どうしたら悟れるのですか？

A 誰も悟る人はいません。ここには自由があるだけです。一つのエネルギー、ライフが人に見せかけて現れて、「私は悟っていない」と言っているのです。そして、ここにいるライフが「あなたはもう自由ですよ」と言っているのです。檻に入っている人はもともと誰もいません。これはライフの究極のパラドックスです。すべてはライフの一人芝居のようなものなのです。そして、実際は何も起きていません。

Q 真の自分、真我について知りたいという欲求が起きたとき、それは解放への障害になりますか？

A すでにすべては自由なので、障害はありません。ですが、探求の終わり、解放という観点から言うならば、障害はその欲望自体ではなく、そこにいる「私」自体です。それが、すでにある自由を見えなくしてしまっているのです。そして、真我というのはもともと存在しません。あることが、あるだけです。

Q 深い気づきの経験がありました。「何かが知っている」という感覚がた

質疑応答 5

スロベニアでのトークより
Q▼質問者　A▼大和田菜穂

Q　菜穂、あなたにとっての、あなたとはどういう存在ですか？　たとえば、何者でもないとか、すべてとか？　それとも、この質問自体が意味をなしませんか？

A　あなたは、誰かをこの身体に投影して見ているのです。単に起きていることがあるだけです。ここには誰もいません。

Q　私たちは自分の考えを相手に投影していて、それが私たちを本物らしく見せているけれど、実際はそれらはまったく起こっていない、ただ「これ」があるだけ……。ならば、私たちは、他人をすべて許すべきだと思いませんか？

A いいえ（笑）。私たち、私、あなたという、コントロールできる存在はどこにもいません。自由意志と選択はアイディアにすぎません。自分が確実に存在していて、自由意志と選択というものがあると信じているかぎり、探求は続きます。そして、「私はこうするべきだ」「すべてを許すべきだ」というような、いろいろな考えが湧いてきます。でも、それは実際どこにあるのでしょう？　すべては思考にすぎないのではありませんか？

Q 感謝はどうですか？　あなたは、感謝の気持ちを持たないのですか？

A 感謝は起こります。

Q 私には、私の中で何かが変わったことに対する深い感謝があります。私たちは、こういった経験に対して、感謝をするべきです。とてもはっきりと覚えているある瞬間があったのですが、その変化が起きたのは、私が感謝をしはじめたからです。そして、私はこの感謝をシェアすることができます。

A

「私が決めたのではない」「この感情は私のものではない」「私が決めたわけではなくて、ただ起きた」「私が自分でコントロールしたわけではない」などというのも、すべて思考です。以前と比べて変化が起こったことに対する感謝があるとのことですが、その変化を誰が見ているのですか？　その感謝を誰がしているのでしょうか？　まさにそれが、幻想の「私」です。「私」はすべてを知りたがるのです。「私」は観察者です。

ここで指し示しているのは、一つひとつの経験を個人的なものと受けとめて気にする人が、もともと存在しないということです。苦しみは、起きていることを個人的にとらえることによって生まれます。

ある経験がほかの経験より優れている、特別だということはありません。その感謝に値する経験は、「私」にとっては特別な経験でしょうし、以前より何かが良くなっていればそれはすばらしいことでしょう。けれども、それはストーリーの中のことです。ナチュラルな現実には、良い・悪いはまったくありません。特別もありません。すべては単純に現れ、単純に起きているだけです。誰に対してでもなく。

「私」は「ではこれからどうすればいいのか」と思うかもしれません。ですが、自由はすでにここにあります。ライフには、喜びとなる経験やエキサイティングな経験は必要ないのです。それは、「私」に必要なだけです。「私」は常に居心地が悪いため、それを紛らわせる経験を必要としているのです。ほとんどの人はこの感覚に気づいていないかもしれませんし、気づくきっかけになるような経験もないかもしれません。でも、分離が起きた瞬間から、人の探求は始まっているのです。

Q　平和はどこにあるのですか？　たどり着ける平和のポイントというのはありますか？

A　ポイント、特別な場所というのはどこにもありません。「私」は自分を確実に存在するものととらえているので、自分以外のものについても、リアルなものと見ています。自分がこちら側で世界は向こう側にあると見ています。けれども、いつかたどり着けるポイントというのも、次の瞬間というのも存在しません。ただ「これ」があるだけです。

Q　あなたはそれを知っているのですか？

A　いいえ、知りません。私がたくさんのことを知っていて、何か特別なものを持っているように見えるかもしれませんが、私自身とはまったく関係がありません。このメッセージは、どんな経験を持ったかを気にする人の消滅を言っているのです。それは、世界から分離した収縮したエネルギーの終わりです。個人的な収縮したエネルギーが消えると、すべてが残ります。幻想の「私」はそれを求めているのです。求めているそれはすでにここにあります。すべてはすでに起こっているので、良い・悪いも正・不正もありません。これらは、単なる概念です。時間さえもアイディアです。未来と過去もアイディアです。「私」が一番強く信じ込んでいることは、「自分がここにいる」ということです。そして、自分が世界の中心で、自分が最も大切です。でも、真に求めていることは実はまったく逆なのです。「私」は何かを手に入れることしか知りません。しかし、これは失うことなのです。何かを手に入れたいというエネルギーが消えることで、すべてが残るのです。

Q　あなたは、平和ですか？

A　いいえ。平和か平和でないか、それもアイディアです。そんなことも、実は存在しません。ただここにあることがあるだけです。平和な気持ち、平和でない気持ち、どんなことでも起こり得ます。ですが、どんなことも問題ではありません。怒り、悲しみ、恐怖、イライラ……どんなことも問題ではなく、すべてはオープンで、境界はありません。ここには、それらの感情が自分に対して起きているととらえる存在がないのです。いろいろな感情が苦しく感じられるのは、幻想の「私」が、それらが自分に起きていると受けとるからです。

Q

それは、問題はあるけれど問題を持っている人はいなくて、ただ問題があると信じている人がいるだけということでしょうか？

A

実は、問題も問題を持っている人もいないのです。問題があると信じている人もいません。ただ、この夢のような現実では、社会全体が個人という存在をサポートしています。そして、「私」は夢の主人公で、自分が何かをやっていると信じています。時間の中でいろいろなことが起こり、ストーリーの中では問題ととらえられるような出来事も起こります。でも、すべてはあくまで夢の現実で起きていることです。

Q　真の自由と、自分の経験に対して好き・嫌いを持たないこととは何か関係がありますか？

A　いいえ。それは、誰か個人が好き・嫌いを持たないように努力しているにすぎません。ここで言っているのは、嫌な経験から逃れることや、個人の努力で状況を変えることではありません。起きていることを避けるのは不可能です。それに、経験に対する好き・嫌い自体にはまったく問題はないのです。判断してはいけない、何も嫌ってはいけない、すべてを受け入れるべき、平静を保たなくてはいけない、瞑想をしなくてはいけない……など、いろいろ勘違いしている場合がありますが、それがどんな目標であれ、何かにたどり着くことが自由なのではありません。それではまた幻想の「私」が、ある状態を手に入れようと探求していることになります。

Q　では、具体的に聞いていいですか？　たとえば、先ほど一緒にピザを食べましたね。「美味しいピザを食べたい」などといった欲望について、どのように思いますか？　あなた自身にもきっと、「美味しいサラダが良い」などという好みがあると思います。これは、体質や個人の持っている性質と言えますか？

Ａ　はい、個人の持っている性質と言えますね。ここで話していることは、まったくそのようなことではありません。あなたが見ることは、すべてあなたなのです。たとえば私が「このサラダは美味しくない」「ピザが美味しくない」と言ったとします。でも、そのこと自体にまったく問題はありません。ただ、美味しくないサラダやピザがあるだけです。私がお話ししているのは、永遠の平和についてや、何かを嫌わないこと、絶対怒らないこと、などということではありません。どんな感情も起こり得ますが、それが起こる対象がないということです。

Ｑ　私が興味を持っているのは、「どこの時点で苦しみが現れるか？」ということです。「これは美味しくないピザだ」と思うと、苦しみの経験っぽくなります。

Ａ　はい、それはまさに苦しみですね……(笑)。

Ｑ　苦しみの正体についてもう少し話してください。

A　苦しみは、「私」が自分が確実に存在し、自分が人生を経験していて、すべての経験が自分に対して起こっている、と認識することから始まります。これが、苦しみの原因です。「これは私の経験」「私が経験している」「私は生きている」「これは私の人生」という確信から苦しみが生まれるのです。それが、分離を生むからです。分離がすべての苦しみの原因です。

Q　幻想の「私」の存在自体がすでに苦しみですね。ならば、どんなことが起ころうとも、すべてが苦しみになりますね。

A　はい。

Q　この「私」という存在があるかぎり苦しみがあり、「私」という幻想の存在がなければ苦しみはないということでしょうか？

A　はい。

Q　人はいろいろな経験を探求したがる場合がありますが、経験自体に苦しみがあるわけではないということですね？

A　はい、まさにその通りです。「誰もいない」とか「あなたにはまったくコントロールすることはできません」といったことは、とてもつらく聞こえるかもしれません。「私」はこれを聞きたくないでしょう。でも、真の自由は幻想の「私」の不在によって起こるのです。たくさんの美しい経験はあると思います。平和な気持ちを何年も経験することができるかもしれません。もしそれが起きているなら、ただそれがあるだけです。ルールはありません。しかし、誰もが求めているのは、分離の終わりだけです。とはいえ、ライフがこのように分離として現れていることに、実際は何も問題はありません。

Q　結局誰も何もできないということですか？　完全に何にも関係や原因がないということですか？

A　はい。ストーリーの中では、目覚めの経験のあと解放が起こり、たくさんの「見かけ上の」人々の探求が終わり、苦しみが終わる……といったことがあります。でも、私が言っているのは、もともと「誰も解放が必要な人がいない」ということです。すべてはすでに自由です。あるのは、「これ」だけです。

Q 私のケースでは、目覚めの経験のあと、耐えがたい状態です。

A 私もそのようなことをよく聞きます。

Q どういう意味ですか？

A 大きな目覚めの経験のあと、「私」がその状態に戻りたいがために、さらに探求欲が強まって、目覚めの経験をする前よりも苦しみが増す状態になるということです。そのような人にたくさん会いました。彼らは、本当に大きな経験をしていました。「私」は、自分が経験したと信じている大きな目覚めの状態に戻りたいのです。ですが、それは単に経験です。誰もその経験に戻れる人はいませんし、どこにも戻れる場所はないのです。

あるのは常に「これ」だけです。ここで話していることは、何かを手に入れることではありません。たとえ百パーセントの理解を手にしたとしても、それは幻想の「私」が所有する理解でしかないのです。

Q その「私」自体も、問題ではないのですよね。それは、「私」も個人的なことではないからですか？

A はい。「私」が問題であるかのように話していますが、実際は「私」は幻想です。ライフがそのように現れているだけです。何も問題はなく、常にすべては完璧に起きているのですが、「私」にとっては居心地が悪いので、探求が続きます。でも本当は、誰もその探求をしている人はいません。ただ探求のメカニズムが現れているだけです。

Q 探求は、ライフの動きのように見えますね。それは、ライフが動いているからですか？

A 見た目には、探求は時間と空間の中で起きているように見えます。それは、「私」は次の瞬間に何かを手に入れられると信じているからです。そこで時間というものが現れます。ですが、これは夢の中の現実であり、実際はまったく起きていないことです。

Q　探求と分離はきっと同じことですね？

A　はい。分離が探求を作ります。赤ん坊のときは、自己意識、分離の感覚がないため、探求、苦しみは起きていません。

Q　どうすればいいかについてのアドバイスで私が好きなのは、「ケーキと紅茶をどうぞ自由に頂きなさい」というものです（笑）。とても実用的で良いと思います。

A　そうですね（笑）。身体は自然と喜びとなる経験の方へ動きます。

Q　きっとそれは、分離とは関係なく、ナチュラルな身体の構造ですよね？

A　そうですね。ナチュラルなことです。

Q　このメッセージは、ある意味、肉体の死への良い準備になると思います。

A　そうですね。幻想の「私」は、このメッセージを聞いて救われた感じがするかもしれません。「私」の死は、本当の自由です。「私は死ねる！」と喜ぶ場合もあるかもしれません（笑）。でも、誰もここにいませんし、誰も生まれていなければ、死にもしません。身体は死にます。「私」は身体が自分だと思っているので、死が恐ろしいのです。けれども、実際は「全体」があるだけです。

Q　死の準備というよりは、身体が生き延びようとするメカニズムみたいですね（笑）。

A　「私」はなんとしても生き延びたいのです。「私」は死にたくないのです。「私」は生き延びるためにどんなことでもします。自分を守らなくてはならず、たくさんの「こうあるべき」という考えも持っています。そして、社会全体がそのように構成されています。

さらには、正しい選択を常にしなくてはなりません。つまり、分離した「私」として、本当にたくさんのことに対応していかなくてはならないのです。それゆえ、人生が重くシリアスなものになってしまいます。いろいろな決まりごと、アイディアによって人生がどんどん重くなり、苦しみが増えていくように見えます。そして、その苦しみから逃れるために、依存症、精神的な苦悩、病気や不調を作り出すのです。でも、大人と違って小さな子どもたちは、そんなにたくさんの決まりごとを持ちません。

ライフはとってもシンプルです。身体の感覚が現れていて、心臓の鼓動が感じられ、呼吸が起きていて、すべてがただ現れています。しかし、このシンプルなことに「私」は満足いきません。自由意志によってすべての経験をしていると信じている「私」にとっては、あまりにシンプルすぎるからです。何か行動が起きたとき、「私」は「私がやった」と思います。でもこれは、行動が起きたあとに、「私」というエネルギーが自分がやったと言っているだけです。「こんなことをするべきでなかった」と「私」は思います。「私」は起きたことを批判するのです。「私」は、自分が間違った選択をしたと信じているからです。けれども実際は、起きていることがあるだけです。解放は、「私」が世界の中心であるという位置から、すべてだけがあるというところへの突然のシフトです。

Q　菜穂、自由とは何ですか？

A　すべてはすでに自由です。「私」は自分個人の自由を手に入れようとします。でも、「私」は求めている自由を手に入れることはできません。それは、そもそも「私」自体が「私」という収縮した檻の中にいるようなものだからです。分離が消えることが自由です。つまり、その幻想の「私」の消滅が自由です。「私」にとっては本当にネガティブに聞こえることでしょう。とは言っても、もともと幻想ですから、誰もいないのですが（笑）。

Q　これは、良いニュースか悪いニュースかということですね（笑）。悪いニュースなのは、誰も経験を楽しめる人がいないということです。

A　まさにその通りですね（笑）。「私」は何かを必死で手に入れようとし、自由を手に入れようとします。でもそのためには、「私」が死なないといけないのです。誰も自由を経験しませんし、誰も愛を経験しません。ただ、完全な自由、無条件の愛があるだけです。常にそれだけがあります。これは、本当におかしなライフのトリックです。ライフが分離として現れ、それがライフ自身――「全体」を探すのです。でも、実際は何も起きていないのです。

Q 先ほど、平和は存在しないと言いましたよね。苦しみがあるときには、平和はありません。あなたは平和を常に感じているのでしょうか？

A いいえ、私は平和を感じません。あなたはここに誰かがいることを投影して見ているのです。

Q 私には苦しみがあります。でも、私はこの苦しみから逃れることができません。

A 「私」は苦しみから逃れることはできないのです。「私」そのものが苦しみだからです。また、表面的にはすべての状態は変化します。状態は永遠ではありません。すべては常に新しく、平和、平和でない状態、どんな状態も起こり得ます。でも、それは「私」のものではありません。平和があれば、それがあり、平和でない状態があれば、それがあるだけです（笑）。

Q　心の平安についてはどうですか？

A　あなたは私を見て、私が何か特別なものを持っているというイメージ、私が何か特別な経験をしているという考えを投影しています。ですが、誰も何も持っていないのです。どんなことでも起こり得ますが、それが私に起きているわけではありません。もしあなたが平和な状態を経験しているとしたら、それと反対の状態も経験しなくてはならないことになります。「私」はいつも不安定な状態で、常に安全ではありません。だから、次の瞬間が安全であるように、必死で取りはかろうとします。でも、次に何が起こるかは、誰も知ることはできません。

ここで私が言っているのは、平和な状態かそうでない状態かを気にする人の最期についてです。もともとコントロールというのはどこにもありません。何が起きても、それがあるだけです。起きていることを避けるのは不可能です。そして、何が起きても問題はありません。すべての問題のもとは、平和や幸せがあると信じて、それを手に入れようとし、それ以外を避けようとすることにあるのです。これが探求です。本当にクレイジーですが、求めていることが起きたときには、「私」はいないのです（笑）。

Q　誰も目覚めないのですね？

A　はい。よく誰か個人が目覚めると勘違いしている人がいますが、そうではないのです。真の自由とは、その誰かの消滅です。その誰かは幻想にすぎませんから、幻想の死ということです。つまり、そもそも本当は何も起きていないのです。

Q　幻想が落ちるので、そのままを見るのですね。そして、幻想を見なくなるのですね？

A　幻想の「私」はたくさんのことを所有しています。解放とは、個人的なエネルギーが消えることです。すべてはエネルギーです。物質は存在しません。「私」も継続的ではありません。誰かが幻想を見なくなるのではなくて、幻想そのものが消えるのです。

Q

あなたの場合、フリップフロップ（「私」と「全体」を行ったり来たりする状態）をたくさん体験したのですか？

A

はい。ストーリーの中では、数年にもわたって、です。でも、それと解放とはまったく関係ありません。

少し前に母と話をしたのですが、私はとても繊細な子どもとして生まれたそうです。人生に対する恐怖心を常に持っていて、三、四歳の頃には、人間は本質的にどこか寂しく、孤独を抱えている生き物だと思っていました。私は覚えていないのですが、「なぜ生きなきゃいけないの？」と常に母に聞いていて、生きるのをやめたがっていたそうです。たった五歳で、死にたがっていたのです。でも、私はこれを聞いたとき、笑ってしまいました。そして、その子どもに対して哀れみを感じました。たった五歳だというのに、とても悲しいお話だと思いました。でも、すべてはストーリーでしかなく、菜穂は夢の存在です。なんて可哀想なストーリーなのでしょう（笑）。

Q

次の世代の人たちに対して、メッセージを伝えていこうという気持ちがありますか？

A　これは哲学ではありませんし、教えでもありません。個人が手に入れられることではなく、個人の役に立つ方法でもありません。実際、個人に対するメッセージではないのです。個人に対して何かを与えているかぎり、それが探求の餌になり、探求は続きます。なぜなら、個人自体がベールとなって、すでにある自由を隠してしまっているからです。教師は生徒に教えを説きますが、教師が何かを与え続けるかぎりその人のストーリーは続きますし、「私」というエネルギーは続きます。とはいえ、これもライフがそのように現れているだけなので、実際は教師も生徒もいませんが……。ここで提案していることは、すべてがすでに完全で、何も必要ないということです。

Q　たとえば両親がノン・デュアリティの考え方で子どもを育てた場合、どうなるのでしょうか？

A　よくわかりませんが、子どもはこの社会で自然にいろいろなことを学んで、概念を通して育っていくと思います。何とでも言うことはできますが、すべては想定でしかありません。どんなことでも起こり得ますが、実際私たちは何も知りません。「私」は、完璧な理解を手にしたと思ったとき、「私は手に入れた！」とハイな気分を味わいます。そして、それをどこかに取っておけると思うものですが、その思考が消えてしまったあと、それは一体どこにあるのでしょうか？　すべては現れては消えていきます。

Q　平和も同じですか？

A　はい、すべては同じです。すべては変化し続けているのです。「私」は、自分だけが継続的で、常にここにいると信じています。「私」は何かにしがみついていたいのです。たとえば平和を経験したなら、それにしがみついていたいのです。でも、それは無理です。「私」はどうにかしてそれを取っておきたいと思い、失ったならどうにかして取り戻そうとしますが、それは空気を一生懸命掴もうとしているようなものです。表面的に見えるものはすべて、変化し続けています。継続的なことは何もありません。あなたが本当に求めているものは、永遠です。ライフだけが永遠です。すべてだけがここにあります。それだけです。とてもシンプルです。

子どもの頃のことですが、私は終わりが来るのがとても嫌でした。たとえば従姉妹に会ったときは、別れる時間が来るのがとても嫌でした。また、いずれ母が死ぬことを想像して、それを恐れていました。けれども、どのような状況も永遠ではありません。

Q 私は、お酒の瓶が空になる瞬間が嫌いです（笑）。

A 私の場合はケーキです（笑）。でも、「これ」は不変で永遠です。つまり、あなたは本当は一つひとつの経験を求めているわけではないということです。幸せは経験には存在しません。何かを取っておくことも、何かにしがみつくこともできません。「私」は経験や物に幸せがあると信じていて、それが掴めると信じているから探求するのです。「私」の性質は、小さな子どものようです。何かを手に入れたくて、「これは私の」と言って、それを取っておきたいのです。とても愛らしい感じもします。

Q 深い眠りについてですが、これは解放と同じような状態ですか？

A はい、そうです。そこには「私」がいないので、まさに同じことです。そして、目が覚めたときに「私」が戻ってくるのです。

Q　あなたは夢を見ますか？

A　以前からほとんど見ませんでしたし、いつも何も覚えていないんです。眠りについたときに見る夢は、今私たちが見ている現実とまったく同じようなものです。夢と現実の違いがあるとしたら、夢は夢だと誰もが知っているので、シリアスではないというところです。そして、目が覚めてしまえば、その夢について一日中考えることもないでしょう。現実も実は同じです。あなたのストーリーは一体どこにあるというのでしょう？　それは実際はまったく起こっていないのです。

Q　以前大きなシフトが起きたのですが、それはとても驚異的な経験でした。これに対してのコメントをお願いします。

A　いろいろな経験はあるでしょう。それがどんなことかは私にはわかりませんが、そのあと「私」が戻ってきて、その経験に対して批評をしていますね。私が言っているのは、経験ではありません。平和な状態が続いた、何もない状態を見た……など、いろいろな目覚めの経験はあると思いますが、ここで言っているのは、その経験を気にする人の終わりです。

Q　エナジー・リリースということについてよく聞きますが、これはどういうことですか？

A　それがあれば、それが起きているというだけです。そこに深い意味はありません。そして、それが何かにつながるという考えがあるならば、それはストーリーの中のことです。誰が手に入れるというのですか？　ここで言っているのは、分離した個人自体がいないということです。どこにたどり着くというのでしょう？　ただ「これ」があるだけです。「これ」以外は存在しません。何かを手に入れることはまったく不可能ですし、手に入れるものは何もありません。

Q　たぶん、私は「私」を消すことを目的にしていると思います。

A　そうですね。よく人が勘違いをしてやっているのは、「私」が「私」を失わなくてはならないと思って努力すること、努力して「私」が「私」でいないようにしようとすることです。このメッセージは、誰かが努力するということを言っているのではなくて、すでにあることだけを言っています。あなたという努力できる存在が、そもそもいないということです。あなたが求めていることは、「これ」だけです。あなたとは関係ありません。

おわりに

ただ、あることだけがあります。

実は、言葉を必要とする前にもう明らかで、完成されたあるがままがあるだけです。

探求者にとって、探求や探求の苦しみはとてもリアルで、「どうにかそこから逃げたい」「どうにか解放したい」ということが、切なる願いです。けれども、探求者が切実に求めていることは一度も失われておらず、求めている「それ」から離れることさえできないのです。

実際は、探求も探求者もまったく起きていない現実だけが存在しています。これはまさしくライフ、「全体」の完璧なパラドックスです。

そして、解放は、起こり得るいちばんナチュラルなことなのです。

■ 著者紹介

大和田 菜穂　（おおわだ　なほ）

1975年、東京都杉並区生まれ。パリ在住。

少女の頃からとても繊細で、生きることへの不安や恐怖が常につきまとっていた。ある日、ノン・デュアリティ（非二元）の教えに出合い、自分の欠乏感や不安感の原因を探しはじめる。何年もの探究のあと、2014年、苦しみが終わりを迎える。

現在はヨーロッパを中心に、喜びとともにノン・デュアリティの世界を伝えている。

ホームページ　https://alreadyis.wordpress.com

すでに愛の中にある

～ 個人のすべてを失ったとき、すべてが現れる ～

●

2015年4月4日　初版発行
2015年7月7日　第4刷発行

著者／大和田菜穂
装幀／中村吉則
編集・DTP／光田和子

発行者／今井博央希
発行所／株式会社ナチュラルスピリット
〒107-0062 東京都港区南青山5-1-10 南青山第一マンションズ602
TEL 03-6450-5938　FAX 03-6450-5978
E-mail: info@naturalspirit.co.jp
ホームページ http://www.naturalspirit.co.jp/

印刷所／中央精版印刷株式会社

ISBN978-4-86451-159-9 C0010